W0388463

INTELIGENCIA DIGESTIVA

Dra. Irina Matveikova

Inteligencia digestiva

Una visión holística de tu segundo cerebro

la esfera de los libros

Primera edición: junio de 2013
Segunda edición: octubre de 2014

Cualquier forma de reproducción, distribución, comunicación pública o transformación de esta obra sólo puede ser realizada con la autorización de sus titulares, salvo excepción prevista por la ley. Diríjase a CEDRO (Centro Español de Derechos Reprográficos, *www.cedro.org*) si necesita fotocopiar o escanear algún fragmento de esta obra.

© Irina Matveikova, 2011
© Del prólogo: Yuyi Beringola, 2011
© La Esfera de los Libros, S.L., 2013
Avenida de Alfonso XIII, 1, bajos
28002 Madrid
Tel. 91 296 02 00 • Fax: 91 296 02 06
www.esferalibros.com

ISBN: 978-84-9970-866-9
Depósito legal: M. 14.557-2013
Diseño de cubierta: Rudy de la Fuente
Adaptación de interior y cubierta: Anzos
Impresión: Anzos
Encuadernación: De Diego
Impreso en España-*Printed in Spain*

Índice

A la maestría de la naturaleza.

Agradecimientos

Hace más de once años, participé en un congreso médico en Biarritz. La última noche durante la cena-gala, magnífica por cierto, unos ocho colegas y amigos nos reunimos alrededor de una mesa grande; éramos médicos, científicos y empresarios de distintos países del mundo, nos conocíamos desde hacía tiempo. Después de disfrutar de una alucinante comida y ya cuando nos habían servido el café, nos quedamos un rato largo en silencio, pensativos pero increíblemente cercanos, y de repente empezamos un «juego» que consistía en hablar sobre nuestros sueños, de cómo cada uno se quería ver a sí mismo en unos diez años, en quién nos queríamos convertir y a qué dedicarnos. Nos permitimos llevar por la brisa de las ilusiones y los sueños con toda libertad; fue un momento muy bello y tierno, aunque poco frecuente para este grupo de gente madura y ya muy establecida en sus vidas de negocios y rutinas.

¿Pero por qué no? Eso pensamos todos. Total, al día siguiente cada uno tenía su avión de regreso y sus responsabilidades habituales; pero aquella noche nos podíamos permitir ese lujo y un momento para ser tremendamente sinceros y abiertos, al menos por una sola vez… La magia nos envolvía a todos y cada uno se quedó por un instante con los ojos cerrados y esbozando una suave sonrisa.

Fuimos escuchando las bellas historias de cada uno, las fantasías y sueños que queríamos vivir dentro de diez años.

Cerré los ojos y dejé volar mi imaginación y mis pensamientos más ocultos. Cuando llegó mi turno de hablar, me dejé llevar y por primera vez en mi vida pronuncié en voz alta que quería ser escritora; me imaginaba escribiendo un libro con gran devoción y placer profesional, me veía en un lugar muy luminoso con sol y el sonido del mar, visualizaba unas ventanas grandes, con sus cortinas blancas; fue un momento con una sensación de plenitud, de satisfacción en relación al trabajo y a la vida… Lógicamente, ese sueño en aquellos momentos estaba muy alejado de mis posibilidades.

Ahora, once años después, entrego a vuestro juicio mi primer libro, escrito en lengua castellana, de la cual nada sabía en esos momentos en Biarritz y menos que la aprendería algún día. En la actualidad estoy viviendo en España, aunque ni siquiera en mis sueños más locos estaba el mudarme de Praga a Madrid. En estos momentos estoy mirando a través de unas ventanas grandes con cortinas blancas a… la sierra de Madrid. No tengo el sonido del mar, pero adoro el lugar donde vivo actualmente.

Quiero compartir con vosotros este acto de magia que tengo el lujo de poder vivir en mi vida, una vida normalmente tan movida e imprevisible.

Nunca llegué a imaginar siquiera que los sueños de una noche entre amigos en Biarritz de 1999 se iban a cumplir.

Quizás mi deseo de cambio era tan intenso que determinó en ese mismo instante mis elecciones y mis prioridades, sin tener conciencia alguna de ello.

Agradezco especialmente a Mónica Liberman de la editorial La Esfera de los Libros y a mi editor Daniel Chumillas su confianza y su gran paciencia, por creer en mi proyecto y darle una oportunidad a este libro.

A Carlos, mi pareja y mi maestro, sin él no estaría donde estoy.

A Vlad, mi hijo, mi pilar, que me motiva a crecer, a aprender y a estar al corriente de la vida moderna.

A mi madre, tan entregada a la familia, paciente y sabia.

A todos los maestros que he tenido, que de diferentes maneras y en distintos momentos aparecieron en mi camino y me aportaron su sabiduría: a mi maestro tan especial de plantas medicinales, Carlos Andrin; a mi mentor y excelente terapeuta, Daniel Chumillas; al filósofo solitario Gustavo Muñoz; al amigo y sabio doctor Jesús Valverde; a Darina Blahova, que respira la vida a pleno pulmón y aprecia cada momento; a Andrei Matveikov, que me ayudó y respaldó a dar un salto cuantitativo laboral y personal; al doctor Santiago de la Rosa, por darme su apoyo profesional, a Elizabeth Wiggins y a muchos, muchos más.

Quiero dar las gracias a mis pacientes, que muchos de ellos ya son mis amigos, que me han aceptado de forma tan abierta, con mucha curiosidad y confianza, por su apoyo y colaboración. Y a todos aquellos que me han brindado sus testimonios de forma desinteresada: Yuyi Beringola por su prólogo, Teresa Bueyes, Joana Bonet, Miguel Ángel Solá, Rosa de la Torre, la doctora Ana María Ruiz Sancho, el doctor José Hernández Maraver, José Antonio Hernández Martín, el doctor Luis Bril, Pablo Pinilla, Paula Martínez.

Y a los demás, de quienes respeto su anonimato.

Y, por supuesto, tengo que mostrar mi agradecimiento a la rebeldía de mi propio sistema digestivo, que en su momento me estimuló, me empujó y motivó para aprender mucho sobre este ser tan inteligente y escondido que se encuentra en nuestras tripas.

Prólogo

A los doce años tuve una depresión por un problema familiar y empecé a tener unos dolores tremendos de estómago; me diagnosticaron un principio de úlcera de duodeno y me pusieron una dieta que apenas he abandonado en todos estos años.

A los quince perdí a mi padre biológico, mis notas en el colegio bajaron de muy buenas a regulares y a continuación empecé a tener unos cólicos biliares en los que terminaba tirada en el suelo. Así que no me cabe la menor duda de que las emociones y la digestión tienen muchísimo que ver.

Después de esos cólicos me diagnosticaron una vesícula perezosa y algunos médicos me dijeron que también tenía un hígado muy lento. Lo cierto es que son cosas que no se pueden ver en una ecografía y que, en un principio, no parecen graves, pero lo cierto es que toda mi vida he sufrido de grandes dolores de cabeza y semanas enteras de no poder probar bocado debido a las náuseas.

Trabajo en cine, soy *script* y es un trabajo que me apasiona, pero no es precisamente lo mejor para el aparato digestivo: cambios de horario permanentes, rodajes de noche durante semanas, mucho calor, mucho frío, viajes... Pero digamos que he procurado cuidarme todo lo que he podido. Mis compañeros a veces se burlan de mí y me dicen que así voy a vivir eternamente, pero ese no es mi fin; mi deseo es vivir lo que viva bien, es decir, poder disfrutar de mi vida y de mi trabajo hasta que me vaya.

Y quizás estoy también concienciada en lo relativo a cuidarse, porque en casa he visto cómo mi madre, una mujer maravillosa y llena de energía que nunca se cuidó demasiado, tuvo una oclusión intestinal a los setenta y cinco años debido a su estreñimiento crónico, teniendo que ser operada de urgencia, y teniendo que ser otra vez operada dos años más tarde porque se le había soltado el enganche; ni que decir tiene que esa mujer, que en la boda de mi hermano fue la última en abandonar la fiesta, nunca volvería a ser la misma después de esas dos operaciones.

Hace años leí en una revista que el maravilloso director de cine sueco Ingmar Bergman tenía diarreas antes de su primer día de rodaje. ¡Cómo le entendía! A mí me había pasado toda la vida lo mismo.

Casi todo el mundo ha tenido algún tipo de trastorno con la comida. Hay gente que cuando se enamora se le quita el hambre por un tiempo y no puede comer, y hay otras personas que cuando tienen algún problema no pueden parar de comer a pesar de saber que le va a sentar mal.

Yo, a veces, he pasado días sin ganas de comer y mis amigas me decían: «¡Qué suerte, así estás de flaca!». Pero cuando volvía a tener hambre, ¡eso era la felicidad! Creo que cuando uno está sano y con ganas de vivir tiene hambre, y ese es un síntoma maravilloso.

Muchas filosofías orientales hablan del cuerpo como del «templo» o el «vehículo»; en cualquiera de los dos casos se refieren a la importancia de cuidarlo y mantenerlo sano y limpio, porque si no tenemos salud, todo lo demás es mucho más difícil.

La vida es algo maravilloso que muchas veces no sabemos apreciar. Estamos tan ocupados con lo que sucede dentro de nuestra cabeza que nos olvidamos de vivir y apenas vivimos el presente y mucho menos sabemos qué pasa en nuestro cuerpo; vivimos como desconectados de él; solo nos acordamos de que existe cuando nos duele algo y en ocasiones ya es demasiado tarde.

Llegué a la consulta de Irina no hace mucho tiempo. Sabía que ella hacía la limpieza de hígado y vesícula que yo quería pero que me daba miedo hacer sola. Me pareció una mujer estupenda, muy entregada a su trabajo, cariñosa y que te explicaba todo muy clarito. Me citó para una hidroterapia de colon, cosa que yo ya había hecho antes y que no me había resultado muy agradable; pero bueno, había que hacerlo. Así que un día por la mañana tempranito me fui para allá; en fin, Irina consigue que una cosa como esa sea agradable. Su clínica es un lugar con una energía maravillosa, es bonita, llena de luz, y cada detalle se ve que ha sido buscado con mucho cariño.

Al terminar la hidroterapia me ofreció una infusión de hierbas. Fíjate qué tontería, pero ese pequeño detalle lo cambia todo; no por la infusión, que estaba buenísima, sino por el cariño con el que estaba hecho.

Irina es todo lo que yo he estado buscando como médico: alguien que te escucha, te explica desde un lugar muy parecido al tuyo y, desde luego, sin prisa.

Hice mi limpieza de hígado y vesícula y más que un hígado parecía tener una cantera: salieron cientos de piedras, y una se pregunta: ¿cómo es posible que mi pobre hígado pudiera funcionar con eso dentro?

Después de esa, he hecho otras y siguen saliendo piedras, pero por lo menos creo que ya estoy en el buen camino y sobre todo me encuentro mucho mejor.

Ahora, cuando me duele la cabeza, me pongo un enema de café y la mayoría de las veces funciona. ¡Qué alivio!

Creo que muchas cosas que nos pasan pueden curarse a través de medios naturales y eso es una cosa que hace muy bien Irina.

Solo espero que este libro nos ayude a todos a conocernos mejor, a entender qué nos pasa y nos ayude a solucionarlo.

YUYI BERINGOLA
Actriz y guionista de cine

Prefacio

La directora de la sucursal de mi banco (y también paciente mía muy rigurosa) el otro día exclamó:

—¡Nunca hubiese podido ser médico! ¡Tiene mucha responsabilidad decidir sobre la salud y la vida de otro; me sentiría fatal! En el banco puedo equivocarme y cometer un error y no pasará nada que no se pueda reparar; sin embargo, con la salud humana no hay espacio para muchos errores.

La sociedad moderna demanda mucho del médico. Todos quieren tener ni más ni menos que al doctor House de cabecera y estar sano con las mínimas visitas médicas y sin pastillas y con las menores molestias e incomodidades.

Estando en tu banco respetas los consejos financieros y las órdenes bancarias; normalmente no te dejan mucho espacio para las dudas y tienes que cumplir con lo que te piden mes a mes. Pero la visita a la consulta médica es opcional y no obligatoria: puedes posponer tus chequeos o ignorar tus problemas, dudar de tu médico y no cumplir las recomendaciones.

La sociedad no te obliga a cuidarte y estar sano; a lo mejor te sugiere y aconseja; nadie te controla realmente si estás bien y apto. No es como con las facturas mensuales o informes bancarios. Para tu banco eres transparente y con un diagnóstico claro. Para tu médico eres una persona cansada y discreta, con una serie de problemas que ni siquiera él sabe por dónde empezar a atajar; pero ¿escucharás y cumplirás después sus prescripciones?

Estar sano y prevenir el desarrollo o avance de tus enfermedades es un derecho tuyo y si no eliges ese camino, la sociedad puede que no te rechace; al contrario, te cuidará como pueda (dirás que nunca suficiente, por supuesto), te asignará un médico, te proporcionará los medicamentos y un hospital si hace falta. El banco te echará y cerrará la cuenta. El centro médico no: estamos a tu servicio.

Al banco acudes ya preparado y algo informado sobre el tema. Y lo mismo podrías hacer con la consulta médica. Los expertos aseguran que 80 por ciento de los cuidados que necesita un enfermo crónico podría proporcionárselos él mismo con la preparación y formación suficiente. Y el 90 por ciento de las enfermedades y los problemas que causan la visita al médico se pueden prevenir solamente con una alimentación sana, una mínima actividad física y una higiene adecuada.

Para ayudar a los médicos a ser precisos y poder estar atentos al paciente hay que permitirles dejar espacio para ese 20 por ciento al que realmente le hace falta una asistencia seria. Y sería una maravilla si el 80 por ciento restante acudiese a recibir una formación y educación sobre su salud y cuidado personalizado.

Es evidente que quejarse de los médicos, de la sanidad y de las largas listas de espera para las pruebas resulta frustrante y pareciera que a corto plazo no va a cambiar mucho la situación; solo creará agobios. Entonces, ¿por qué no dar la vuelta al tema y conocerte a ti mismo?

Tu cuerpo es tu vehículo: requiere pasar la ITV, un buen combustible y un buen trato. Conocer tus problemas y cuidar tu salud tiene que ser tan imprescindible como trabajar o tener una cuenta bancaria. Prevenir la enfermedad debe tener el mismo valor que prevenir una bancarrota.

Encontrar interés y un desafío en tu salud, dar pequeños pasos pero constantes hacia un estilo de vida sano es un camino que te ofrece este libro: *Inteligencia digestiva.*

Tenemos un cerebro más. ¡Vaya! Emociones escondidas en las tripas: una inteligencia fina y poderosa situada en el eje, en el centro del cuerpo. Es curioso e importante colaborar con esta inteligencia y saber decodificar sus señales.

Mi intención es proporcionarte el placer de aprender, reconocer y respetar tu sistema digestivo; ese ser maravilloso y poderoso que ocupa casi todo tu interior. Convertirlo en tu amigo para servirte y ayudarte o maltratarlo diariamente será una decisión tuya.

Con buenos cuidados, el sistema digestivo sabe repararse muy bien y empezará a agradecer tus mimos unas quince horas después de una dieta y un cuidado adecuado; sin embargo, el mismo sistema aguanta los meses y los años de tu «maltrato» sin quejarse mucho.

Tener digestiones sanas no es poco para una buena calidad de vida.

Este libro no sustituye ni a tu médico ni tampoco tu visita a su consulta, si realmente te hace falta; intenta proporcionarte los conocimientos básicos y novedosos sobre tu sistema digestivo para que puedas ayudar a tu médico a distinguir tus problemas y darle el placer de la comunicación con un paciente inteligente, que sabe ser preciso en sus quejas y que aplica las pautas básicas preventivas en su vida diaria.

Yo opto por una medicina integrada u holística, que combina los avances modernos de la medicina convencional y la sabiduría de las medicinas complementarias junto con los cuidados preventivos. Hay que tratar al paciente y no a la enfermedad, buscando la raíz de su problema y no solamente poniendo parches a los síntomas.

La medicina holística, en primer lugar, aplica los métodos naturales y menos dañinos, corrige y coordina las funciones de todos los sistemas y, desde el primer día, introduce e insiste en los cambios nutricionales e higiénicos teniendo en cuenta la reeducación como objetivo. Y, sin lugar a dudas, el médico holístico tiene un respaldo convencional y unos conocimientos sobre medicina actual para aplicar los métodos diagnósticos y tratamientos farmacológicos o instrumentales que sean necesarios. Inevitablemente, es la medicina de futuro.

Todavía existe una brecha; un vacío entre un médico de hospital público o centro de salud y un médico naturópata. Frecuentemente uno niega al otro y no tiene ni tiempo ni ganas de aprender algo que esté fuera de su área de interés profesional. Es necesario cambiar en este aspecto.

Yo no soy extremista y no me inclino por una de las partes negando a la otra. Me encanta estar en ambas medicinas.

Hace veinte años atrás no era mi objetivo ser una especialista de las «tripas». ¡Ni me podía imaginar que un día estaría excavando en los problemas digestivos de mis pacientes, aplicando a mi trabajo la filosofía de desintoxicación corporal de la medicina holística! Como médica joven y perfeccionista, quería salvar el mundo y a los pacientes graves; y lo he hecho durante algún tiempo. En los últimos años de carrera soñé con la cirugía cardiaca y literalmente «viví» al lado del quirófano pescando experiencias.

El nacimiento de mi hijo dio la vuelta a todo y me transformé en una residente de endocrinología. Tuve suerte, ya que pude aprender de los mejores profesores y trabajar en el centro más importante que trataba a los pacientes graves, internados por las complicaciones de la diabetes u otras disfunciones hormonales extremas. Era un trabajo que nunca se acababa, un sacrificio constante y una lucha permanente por los pacientes. Era muy apasionante.

Si trabajas así las veinticuatro horas los siete días de la semana, es como si no existieras; ni siquiera notas las necesidades y exigencias de tu cuerpo, hasta que te agotas a ti mismo y a tu familia. Empecé a encontrarme muy mal físicamente y mi sistema digestivo me declaró la guerra. Tuve que elegir entre mi salud y mi carrera. Mi hijo, que era pequeño en esa época, me ayudó a decidirme. Entonces me cambié a un trabajo menos estresante de consultas externas y descubrí que los pacientes a los cuales les salvamos la vida en urgencias estaban abandonados y no sabían manejar su enfermedad, y aún menos mantener unas pautas. Para poder avanzar con ese trabajo y crecer, me metí en los estudios de distintas medicinas.

Tuve la suerte de colaborar muchos años en la industria farmacéutica, lo que me permitió participar en estudios clínicos y congresos importantes relacionados con la oncología, en primer lugar. Descubrí otro mundo: la medicina científica moderna y el cáncer.

Durante años discutimos los protocolos de quimio y radioterapia, los detalles mínimos de cómo combatir el cáncer. He visto todas las caras de esta enfermedad tan tramposa y, desgraciadamente, «muy inteligente». Incluso me tocó vivir en carne propia la experiencia del cáncer en un familiar cercano.

Las circunstancias de mi vida me obligaron a viajar mucho y aproveché la estancia en otros países para buscar los recursos más auténticos y los maestros más destacados, intentando aprender sobre las medicinas naturales y complementarias. Eso compensó mucho mi labor profesional tan convencional, al tiempo que sustentaba la ilusión de poder, un día, combinar mis experiencias y aplicar mis conocimientos.

Y creo que ha llegado ese día.

MIGUEL ÁNGEL SOLÁ

Actor

La vida me dice que uno siente y piensa según la digestión decide. Escuchar a Irina y leerla es la posibilidad de pensar y sentir mejor. Irina sabe. Mucho.

Capítulo I

TU SEGUNDO CEREBRO

A veces se hacen bromas con respecto a la existencia de dos cerebros: uno femenino, que está dentro de la cabeza, y otro masculino, que está dentro del pantalón (también hay comparaciones parecidas que se refieren al corazón de la mujer y del hombre y apuntan en la misma dirección). Si alguien piensa que en este capítulo hablaré sobre este segundo cerebro, es decir, acerca de los orgullos escondidos debajo de la ropa interior, se equivoca. Aunque creo que entiendo por qué este último es más famoso por poseer un fuerte poder de decisión, que escapa a cualquier «filtro» de la mente fría, al sentido común y a la lógica.

Hablaré de otro cerebro, el digestivo, menos glamuroso e interesante que el del sexo, pero yo diría que igual de salvaje e imprevisible y de uso más frecuente, ya que el cerebro digestivo lo utilizamos todos los días y varias veces al día.

El intestino no es exactamente la parte anatómica del cuerpo que más nos apasiona y acelera nuestras pulsaciones. Ningún poeta le dedicó una oda, ningún pintor se inspiró en la «belleza» digestiva.

Sinceramente, el entender más común y más vulgar es que el intestino es una parte del cuerpo con forma parecida a una serpiente, que además es muy fea, maloliente, produce sonidos socialmente no aceptados y nos avergüenza.

Sin embargo, os confirmo que poseemos un verdadero cerebro dentro de nuestras entrañas, y su función neuronal es muy parecida a la actividad cerebral de la cabeza, de donde surge todo lo bello. El sistema digestivo posee una red extensa de *neuronas*, que se encuentra entre las dos capas musculares de sus paredes. La estructura de las neuronas digestivas es totalmente idéntica a la estructura de las neuronas cerebrales y tienen la capacidad de liberar los mismos neurotransmisores, hormonas y moléculas químicas.

Os presento al sistema nervioso entérico (SNE) o nuestro segundo cerebro. No es una metáfora; es un término oficial aceptado por la sociedad médica.

La importancia del sistema nervioso entérico se ha puesto de manifiesto hace relativamente poco tiempo, con la publicación de los estudios de Michael Gershon, profesor y director del Departamento de Anatomía y Biología Celular de la Universidad de Columbia, en Nueva York, y precursor de la nueva ciencia denominada «neurogastroenterología». Esta nueva disciplina estudia *los síntomas de los trastornos psicosomáticos con expresión gastrointestinal*, y los relaciona con el sistema nervioso central.

El doctor M. Gershon estudió y analizó a fondo, durante treinta años de su carrera científica, la actitud y las conductas de las tripas humanas, y consiguió confirmar que nuestro sistema nervioso digestivo tiene su propia actividad cerebral e inteligencia.

Su ensayo, publicado en 1999, representó un salto cuantitativo en la información sobre el sistema nervioso entérico con respecto a los conocimientos médico-científicos realizados hasta la fecha.

Según los nuevos datos, la cifra de neuronas que se encuentran en la red del intestino delgado llega a situarse en nada menos que cien millones. Esta cifra representa, por ejemplo, un número considerablemente mayor que las neuronas de la médula espinal. El cerebro de las tripas es la mayor fábrica responsable de la producción y del almacenamiento de las sustancias químicas conocidas como *neurotransmisores,* la mayoría de los cuales son idénticos a los que se encuentran en el sistema nervioso central (SNC), tales como la *acetilcolina,* la *dopamina* y la *serotonina.* Estas sustancias regulan nuestro ánimo, bienestar emocional y psicológico, y constituyen un grupo de sustancias esenciales para la correcta comunicación entre las neuronas y el sistema de vigilancia. Representan a las «palabras» en el idioma neuronal.

La presencia de una variedad tan amplia de neurotransmisores en nuestras tripas es una referencia clara y evidente de la complejidad y la riqueza del idioma digestivo y su capacidad de ejercer las funciones neuronales y expresar sus propias emociones.

Gershon reveló que el 90 por ciento de la serotonina (la famosa hormona de la felicidad y del bienestar corporal) *se produce y se almacena en el intestino.* Allí regula los movimientos peristálticos y la transmisión sensorial. Y solamente el 10 por ciento restante de la serotonina del cuerpo se sintetiza en las neuronas del sistema nervioso central, es decir, en el cerebro superior.

Esta cantidad mínima de serotonina cerebral tiene una importancia vital para el ser humano, cumple diversas funciones, tales como la regulación del estado de ánimo (la sensación de calma y bienestar), el apetito, el sueño, la contracción muscular, e interviene en funciones cognitivas como la memoria y el aprendizaje. La serotonina es «un mensajero de felicidad», gracias al cual las neuronas pueden comunicarse, liberándola y volviéndola a captar, según las necesidades.

Antes de esta revelación, el mundo científico no se fijaba demasiado en este aspecto de los intestinos y no apreciaba mucho la red nerviosa que los recorre. El concepto vigente era que el cerebro superior predominaba con sus decisiones y que influía de forma unidireccional en el sistema digestivo. El proceso se dirigía desde el cerebro hacia la periferia. No obstante, las observaciones científicas del profesor Gershon nos permiten, en la actualidad, considerar que existe un proceso de influencia en ambos sentidos; una comunicación continua entre dos cerebros: el que se encuentra en nuestro cráneo y el otro, hermano suyo, que reside en las tripas.

Os puedo asegurar que esta relación entre dos cerebros, que transcurre en los niveles hormonales, metabólicos, emocionales... es bastante compleja, diríamos incluso «intelectual», y además suele ser bastante democrática y respetuosa.

Curiosidades de la evolución

La evolución tiene mucha magia: hace millones de años, al mismo tiempo que nuestros ancestros desarrollaban la columna vertebral y acababan de empezar con las estructuras básicas del cerebro craneal, esos mismos ancestros ya poseían un sistema nervioso en sus entrañas, que les permitía sobrevivir y evolucionar. Este antiguo cerebro se encargaba de todas las funciones vitales viscerales de manera totalmente independiente y bien coordinada. Nuestros antepasados ya pondían estar más atentos a las cosas importantes y atractivas de la vida, como realizar alguna actividad, acumular experiencia, defenderse y concentrarse en la actividad sexual, mientras que el cerebro intestinal se encargaba por cuenta propia de la nutrición, de la digestión, la absorción, la hidratación, la eliminación de los residuos…

En los principios del desarrollo de la corteza cerebral, la actividad mental de nuestros ancestros era básica y se guiaba más bien por los instintos y las intuiciones. Es decir, nuestros parientes lejanos escuchaban bastante a sus tripas y actuaban según las señales que sus cerebros intestinales les enviaban. De hecho, para los animales, la voz del cerebro entérico sigue siendo un factor de información y comunicación predominante. Frecuentemente nos asombra la intuición tan certera de los perros, caballos, gatos… Están atentos a lo auténtico, a las señales de sus tripas.

Sin embargo, nosotros, los seres superiores, nos separamos del mundo animal (no del todo) y hemos suprimido esa capacidad intuitiva de nuestras «entrañas», ya que la voz todopoderosa de la mente y de la conciencia nos guía constantemente.

A pesar de todo, cada uno de nosotros, de vez en cuando, experimenta ese «sentir con las tripas»: es un aviso que viene desde muy adentro y aparece en situaciones emocionales intensas o extremas. Se presenta con todo un abanico de sensaciones: desde el cosquilleo placentero hasta un nudo, un vacío o un dolor. Así nos habla el cerebro intestinal. El pobre, para atraer nuestra atención y generar alguna acción, tiene que gritar muy fuerte usando su «lenguaje» a través de episodios de diarrea, espasmos o náuseas.

El cerebro intestinal también evolucionó junto con su hermano superior, aumentó su volumen, la diversidad y la producción de las sustancias neuroquímicas. Perfeccionó el control sobre las funciones vitales y se adaptó a las nuevas demandas y necesidades del cuerpo humano. Y, hasta el día de hoy, este pasa por una formación continua. Aparte de todos sus cargos ya mencionados, su labor consiste en asimilar información sobre las nuevas sustancias químicas que pasan por su «aduana digestiva».

Tras un desarrollo prolongado, el sistema nervioso entérico se transformó en algo mucho mayor que una reliquia de nuestros ancestros: es un sistema moderno que nos provee de funciones complejísimas vitales sin necesidad de hacer algún esfuerzo mental o control sobre su trabajo.

Fuera de control

No tenemos posibilidad alguna de controlar con la mente nuestras funciones digestivas. Imagínate que fuéramos capaces de ordenar cosas del tipo: «Hoy voy al baño sin laxante» o «El cordero que comeré en casa de mi suegra me sentará fenomenal». Pues no, nuestro poderoso control mental se termina en el momento de tragar y recobra su poder en el momento final de expulsar. Nos queda solamente la posibilidad de tener conciencia sobre los dos orificios, que poseen funciones y posiciones muy contrarias, y que marcan los límites del sistema digestivo. ¡Lógico! La mente puede llegar a ser tramposa y cambiante, y las decisiones que a veces tomamos carecen de sentido común. La naturaleza no nos puede permitir que las funciones nutritivas, digestivas e inmunológicas sean manipuladas por nuestra conciencia o convertidas en las víctimas de nuestros altibajos anímicos. Así no hubiésemos podido sobrevivir.

Curioso, ¿no? Con la fuerza de voluntad y la inteligencia podemos cambiar el mundo, pero de ninguna manera nuestra propia digestión… ni siquiera podemos influenciarla sin conocimientos especiales. ¡Cómo enfada esto a mucha gente! Les pone de mal humor la propia resistencia digestiva. No les encaja para nada esta rebeldía interna con la agenda del día a día... No todo se encuentra bajo el poder mental y mucho menos la digestión. Hay que firmar un pacto, una relación diplomática con la tripa para que colabore y te deje seguir con lo tuyo.

Ese «enfado» y falta de paciencia es exactamente lo que muy a menudo encuentro en mis pacientes. Ellos esperan mejorar sus digestiones, bajar su hinchazón, solucionar el estreñimiento o su colon irritable ejerciendo mucha presión; parece casi una exigencia hacia el propio cuerpo y hacia el médico: se debe conseguir tan pronto como se pueda. Y si en dos semanas parece como que «no funciona nada» y no se notan algunos cambios «mágicos», entonces se frustran.

Pero el cerebro intestinal no adquiere muchos compromisos: requiere un tratamiento y un cuidado prolongado hasta que pueda recuperar su salud y su equilibrio interno. Del mismo modo que no es posible solucionar la ansiedad ni la depresión en un par de semanas, no se puede tratar la neurosis digestiva en unos días.

Quienes llegan en busca de una ayuda alternativa para su sistema digestivo, normalmente llevan arrastrando sus problemas desde hace varios años y se encuentran algo desesperados. Entonces, pregunto yo: ¿por qué suena a: «Uff, eso es mucho» plantearse unos meses de «trabajo» con tu tripa y tu dieta?

Ser sano y cuidarse con las medicinas complementarias se pone de moda

¡Por fin! No me sorprende en absoluto que actualmente la sociedad moderna esté recobrando su interés por las medicinas alternativas y complementarias, el chamanismo, los rituales nativos regionales, las antiguas técnicas de la meditación, buscando la reconexión con el cuerpo. Ahora se ha puesto de «moda» el antiguo tema de la «atención plena» *(mindfulness)*. Nos atraen los conceptos del budismo, nos importa cada vez más la espiritualidad, reaparece la necesidad de recuperar el contacto íntimo con la naturaleza y realizar retiros... Lo considero una nueva vuelta evolutiva, muy bella y lógica.

Para muchas personas ya está muy claro que con el estrés, la tensión, las tareas y las responsabilidades interminables el cuerpo y la mente se cansan, se agotan, con lo cual las funciones sistémicas del cuerpo empiezan a fallar (y en primer lugar las digestivas y las psicológicas).

¿Qué hacer? Parar y cambiar de vida suena imposible. Los medicamentos tampoco parecen solucionarlo todo. Los estudios e investigaciones en las áreas de la biotecnología y la neurociencia moderna son muy importantes y prometedores para la medicina del futuro, pero todavía es muy poco lo que en este aspecto se puede considerar de aplicación práctica.

Pese a todo, la búsqueda del equilibrio interno, la práctica de las medicinas complementarias y las filosofías espirituales suenan, más que nunca, como algo real y posible para aplicarlo a la vida diaria.

Y además está al alcance de cada uno.

Pero volvamos a nuestros cerebros. Nuestras capacidades son mucho más amplias de lo que habitualmente utilizamos (se dice que apenas usamos un 15 por ciento de nuestro potencial cerebral). Poseemos los mecanismos internos necesarios de recuperación y curación; nuestro cuerpo «nos habla, nos avisa», y si pudiéramos decodificar y respetar esas señales, seríamos mucho más fuertes y sanos.

Como un buen hermano, el cerebro intestinal comparte, asume y asimila las emociones y los problemas que está generando su hermano superior, grabando en la memoria de las «entrañas» los momentos emocionales más fuertes e impactantes.

Influencia emocional en ambos sentidos

Quiero recordaros, con varios ejemplos, cómo el cerebro superior influye en la digestión y viceversa, y también repasar los efectos de la conducta digestiva sobre el pensamiento y el ánimo:

- Una situación de miedo terrorífico, un trauma o una situación de tensión emocional fuerte pueden provocar vómitos o diarrea o cortar la digestión por completo.
- Una sensación de soledad, una frustración sentimental, una baja autoestima... son estados psicológicos que influyen en el metabolismo y en los complejos procesos digestivos. Pueden provocar falta de apetito, disgusto e indiferencia, una digestión lenta y molesta. Aunque es más frecuente que esta «falta crónica de felicidad» se manifieste con un cuadro de ansiedad y una conducta compulsiva hacia la comida, apareciendo la necesidad de comer sin control en las horas críticas que son la media tarde y la noche. La forma compulsiva y descontrolada de comer (y en especial los hidratos de carbono) provoca una liberación rápida de hormonas y sustancias químicas en ambos cerebros, que induce una sensación transitoria de bienestar y de satisfacción plena con todo. No obstante, en un periodo corto, ese mecanismo neuronal se «agota», la digestión se «estropea» y aparece pesadez e hinchazón; el sis-

tema digestivo empieza a «gritar y protestar» sobre este abuso con los alimentos y todo esto viene acompañado con un sentimiento de culpa, la autoestima «cae por los suelos» y los remordimientos afloran. Muchas mujeres, en estos casos, optan por un vómito provocado.

Seguimos con algunos ejemplos de la comunicación entre los dos cerebros:

- Una diarrea con cólicos y espasmos (que puede ser un brote agudo de colon irritable o una gastroenteritis) nos nubla la mente, enciende al máximo el volumen de la irritabilidad y la sensibilidad y nos vemos invadidos por el cansancio y el agotamiento. Nos pone de mal humor y nos baja la productividad intelectual.
- Un estreñimiento acompañado de su hinchazón, te hace sentir que tu vida es «pesada» y problemática (la misma sensación que tiene tu estómago). Te quita las ganas de realizar actividades sociales y físicas. Aunque no lo creas, el estreñimiento crónico nos convierte en pesimistas sarcásticos, baja la libido y limita la vida sexual. Así es. Un estado de estreñimiento, sea por una razón o por otra, puede suponer una falta de serotonina (o una baja sensibilidad a esta hormona) producida por las neuronas del cerebro intestinal; esto limita la motilidad muscular digestiva y a su vez provoca una carencia de las emociones positivas. Por otro lado, el tránsito lento intestinal aumenta la sobrecarga tóxica del organismo.
- Una «acumulación de todas las emociones en las tripas» es frecuente en el caso de mujeres controladoras y perfeccionistas; es como si la central del control sobre sus vidas estuviese en los intestinos y con esta actitud llegan a ge-

nerar un estreñimiento especialmente grave y resistente a los tratamientos clásicos.

- Algunas personas presentan un cuadro de supresión emocional, una falta de expresividad; no saben manifestar el afecto y, por eso, a menudo presentan una revolución interna: episodios de diarreas profusas, colon irritable y un sistema digestivo demasiado sensibilizado.
- Una buena deposición por la mañana, hecha con ganas y que te deje una sensación de placer por quedarte ligero y limpio, es una muy buena forma de empezar el día; te pone de buen humor, te llena de energía y promete todo lo positivo. No me digas que no es verdad.
- Un mal gusto en la boca al despertarte, la ausencia de apetito y de ganas de desayunar, el vientre lleno de heces desde hace días... Son otras cuestiones que no te piden limpiarte, ni te ayudan, pues sales pitando después de tomar solamente un café. Ese día no te promete mucho ni te deja un buen «sabor de boca», ya estás emocionalmente preparado para que todo sea de color gris.

Nuestros dos cerebros son dos maestros que se «divierten», hablan entre ellos, se estropean o se potencian el uno al otro. Depende del día y de la situación tanto emocional como digestiva.

El enorme potencial escondido dentro de tu tripa

Está demostrado que el sistema digestivo posee un tremendo potencial neurológico y hormonal. Por eso actualmente los científicos y la industria farmacéutica dedican muchos ensayos y estudios a la neurogastroenterología.

Los psicofármacos que se prescriben de forma masiva para la depresión pertenecen al grupo de los inhibidores selectivos de la recaptación de serotonina. Estos medicamentos favorecen «la comunicación neuronal», prolongando la presencia activa de la serotonina en el espacio entre dos neuronas antes de ser recaptada por los receptores. Y es cierto que con esta influencia psicofarmacológica solamente sobre el 10 por ciento de la serotonina cerebral, mediante la modelación de su forma liberada, se consigue mejorar el ánimo del paciente y controlar bien su depresión. Ahora sabemos que tenemos un cerebro intestinal que produce «un mar» de serotonina: el 90 por ciento restante de esta hormona de la felicidad y del bienestar. ¿Cómo beneficiarse de eso y usar este recurso valioso para la salud mental y digestiva? Esta es una tarea y un desafío para los investigadores.

Un hallazgo sorprendente para los científicos ha sido constatar que el intestino es también una abundante fuente de benzodiazepinas endógenas, que son el principio activo de medicamentos denominados ansiolíticos. Estos fármacos los utilizamos para dormir, superar el estrés, bajar la ansiedad, tratar las fobias… ¿Y si pudiésemos activar los recursos propios y conseguir un modo de liberar «ansiolíticos» digestivos para nuestras necesidades psicoemocionales? Nada es imposible; todas las respuestas las tenemos dentro.

¿Habéis observado que los bebés tienen sus tripitas especialmente sensibles? Cuando la madre o el padre les miman la zona abdominal con un masaje muy suave, se nota la mejoría de sus digestiones y de los gases del pequeño; los bebés se tranquilizan, dejan de llorar y se duermen más rápido. Es un efecto parecido a las benzodiazepinas endógenas (fabricadas dentro del cuerpo), inducido naturalmente.

A los adultos nos falta el tiempo y la costumbre de mimar la tripa, permitir un masaje especializado y/o algún ejercicio de relajación abdominal. El toque de las manos siempre tiene efecto calmante, relajante y, a veces, curativo; no nos olvidemos de eso.

También los receptores opiáceos (células que captan y potencian el efecto de sustancias como la morfina) que se hallan en el cerebro se encuentran en el intestino. Eso explica el efecto de la morfina y la heroína en el sistema digestivo, pues el segundo cerebro desarrolla una dependencia hacia estas drogas al igual que el primero.

Parece que los malestares digestivos pueden provocar insomnio o falta de descanso. Y viceversa: un insomnio o falta de sueño y de descanso (por estrés, trabajo...) puede provocar disfunciones digestivas.

El trazado electroencefalográfico (estudio de las ondas eléctricas del cerebro) de las *cinco fases del sueño* encuentra una expresión equivalente en el trazado electromiográfico (estudio de las ondas eléctricas de los músculos intestinales) del sistema nervioso digestivo, con idénticos ciclos del sueño. Los estudios demuestran que las personas con problemas digestivos también tienen un sueño REM anormal (sueño de movimientos oculares rápidos; es la etapa del sueño más ligero, y es esencial para el descanso completo y la asimilación de la memoria).

Como conclusión, me gustaría repetir que, evidentemente, existe una conexión entre la psique y el estómago. Muchas molestias intestinales podrían explicarse por el incorrecto funcionamiento del «cerebro intestinal» o por interferencias en la comunicación con el cerebro superior. En el cerebro de las tripas pueden originarse el miedo, la ansiedad, la fobia, el control excesivo, la obsesión, también un presentimiento y la intuición.

Los científicos consideran que el cerebro abdominal también puede memorizar ciertas emociones, sufrir estrés y tener sus propias psiconeurosis.

La fórmula conocida es: «Pienso, luego existo». A esto tendremos que añadir ahora: «Si mi intestino me lo permite». Con vómitos, diarrea y espasmos la mente se nubla.

El sistema nervioso entérico jamás escribirá poesía o abordará un diálogo socrático, pero, a pesar de ello, es un cerebro, más intuitivo y sin mucha influencia social. «El cerebro intestinal desempeña un papel importante en la felicidad y en las miserias humanas, aunque poca gente sepa que lo tiene», afirma Michael Gershon.

El concepto de cerebro digestivo en las filosofías orientales

Mientras que la medicina occidental, y solo recientemente, reconoce el «segundo cerebro», para la medicina oriental el área del vientre es el centro vital del organismo. Las medicinas tradicionales mundiales y sus tratados sobre el sistema digestivo son un tema inmensamente amplio que quizás merezca un libro aparte.

Sin más preámbulos, vamos a repasar algunas tendencias filosóficas para poder saborear esta sabiduría auténtica que integra al ser humano en todos sus aspectos: físicos, espirituales y energéticos.

El *Dan-Tien* de la medicina tradicional china enseña sobre el «área del vientre, gran océano de energía, océano de Chi».

Hara, en las artes marciales japonesas, representa «el vientre, centro vital del hombre, océano del Ki». De ahí viene la conocida expresión *hara-kiri*, que significa corte del vientre, de la energía vital.

Svadhisthana, en el hinduismo, se refiere al *chakra* situado en la región del vientre: «Mansión del soplo vital».

El cerebro intestinal coincide con el *chakra* o rueda de energía de la filosofía oriental, llamado también *manipura* o gema brillante. La palabra *chakra* significa rueda o centro de energía circular. Este *chakra* se sitúa unos 3 centímetros por debajo del ombligo y a una profundidad de unos 4 centímetros, en el centro de gravedad del cuerpo; y es el lugar donde se concentra la energía (fuerza, impulso) vital Chi, Ki, *prana* en el hinduismo, *pneuma* en la Grecia clásica, *élan vital* en la terminología del filósofo francés Henri Bergson. Es el lugar donde la Vida Universal se expresa en Vida Existencial; se trata del centro del ser humano, cuerpo y alma incluidos. A diferencia de la fuerza movida por la voluntad (la fuerza del «hacer»), el Ki del vientre se siente y «se deja venir». Lo ideal es estar en contacto con ese centro (la tripa misma) y reunir «la fuerza».

«Estar centrado en el *hara*» equivale a un estado de salud y de integración óptima de todos los sistemas corporales, de la longevidad y del bienestar. Es un estado general de serenidad y de calma profunda, conciencia y razonamiento, poder personal y acción equilibrada. Este estado se puede promover a través de la meditación y de disciplinas psicofísicas como el Tai Chi, el Chi Kung o el Hatha Yoga, entre otras.

Se dice que quien tiene un *hara* bien desarrollado puede realizar muchas cosas sin esfuerzo aparente, a la vez que puede ser muy paciente y observar con calma, sin sentirse obligado a intervenir, si algo le desagrada.

Quien posee el arte del *hara* (*haragei*, el «arte del estómago») puede tomar conciencia, en poco tiempo, de aquellos momentos en que deja el «centro justo», cayendo bajo el influjo del Yo egocéntrico y, con naturalidad y sin esfuerzo voluntarista, recuperar de nuevo su centro. Quienes tienen un *hara* débil son de salud frágil, pierden fácilmente las formas, enseguida montan en cólera, y, ante la adversidad, pierden pronto el aplomo.

La expresión psicosomática de «estar centrado», en contacto con nuestra fuerza interior, tendría mucho que ver, en lenguaje médico occidental, con tener un sistema digestivo equilibrado.

El cuerpo es un auténtico tesoro que tenemos a nuestra disposición y que solo funciona a plenitud si se le respeta y se le deja actuar sin agresiones externas que lo desequilibren artificialmente.

JOANA BONET

Directora de *Marie Claire*, escritora y periodista

Vivimos en la sociedad más narcisista de la historia. El cuidado de la imagen se ha convertido en un mandato social, pero a menudo nos olvidamos del interior. En una sociedad higiénica y aséptica como la nuestra, que busca desesperadamente la calidad de vida y el bienestar, no tiene sentido que no miremos hacia dentro y tomemos conciencia de nuestro cuerpo.

Por ello, las labores de profesionales como la doctora Irina Matveikova son fundamentales, no sólo por su aportación terapéutica, sino también pedagógica, enseñando lo desaprendido y alentándonos a una vida más saludable que aporte una sensación real de bienestar, una higiene vital.

Capítulo II

LAS VIRTUDES DEL SISTEMA DIGESTIVO

¡Bienvenido al mundo digestivo! Es un buen momento para aprender a «decodificar» las demandas de tu tripa y construir una relación amistosa con tu segundo cerebro.

La finalidad de este libro apunta a describir el potencial fisiológico, emocional e intelectual que tenemos dentro de nuestro sistema digestivo, aprender a escuchar y a colaborar con nuestras tripas, que nos aportan no solamente unos beneficios puramente digestivos, sino también un enorme bienestar físico, psicológico y emocional. Os invito a realizar una pequeña excursión por nuestro tubo digestivo con varias paradas en sus distintos tramos.

Es bueno conocer que la longitud total del sistema digestivo puede llegar a medir entre 8 y 12 metros; para que nos hagamos una idea, si hacemos de nuestro tubo digestivo un conducto lineal llegaríamos a una altura de un edificio de dos plantas. El sistema digestivo no solamente es el más largo sino también el más ancho. Si imaginásemos toda la superficie de nuestros intestinos en un plano de dos dimensiones, alcanzaríamos unos 300 m^2: ¡un campo de fútbol escondido en nuestras tripas!

A lo largo de la vida por el sistema digestivo pasan aproximadamente *setenta toneladas de alimentos y cien toneladas de líquidos.* Y nuestras entrañas son capaces de procesar, analizar, absorber y eliminar toda esta cantidad industrial ¡Y sin recambios ni averías en las tuberías! (si están bien tratadas, claro está).

No obstante, el sistema digestivo lo terminamos averiando nosotros mismos. A partir de estas alteraciones, nos envía señales en forma de diversas molestias, nos avisa, nos pide «servicio» y ayuda.

El sistema digestivo tiene un diseño espectacular. Por ejemplo, el intestino delgado posee miles de vellosidades en sus paredes (pequeños pliegues de la mucosa), las cuales, a su vez, tienen miles de micro vellosidades. Al microscopio, la pared del intestino delgado se ve como un cepillo denso o un tejido de terciopelo. Esta virtud anatómica nos permite obtener una absorción completa de todos los nutrientes vitales y nos proporciona control inmunológico, que ejercen las mucosas intestinales, y con eso me refiero a un 70 por ciento de la defensa total del cuerpo.

¿Somos huecos?

Solemos creer que somos sólidos, que todo aquello que está por debajo de nuestra piel pertenece íntegramente a nuestro mundo interior. Pero sería más correcto decir que somos huecos… Así es; el diseño del cuerpo humano es mucho más divertido y artístico de lo que pensamos; lleva en su eje un largo túnel que es el canal digestivo, y la luz de este túnel (limitado por su lumen o sus paredes) contiene sustancias que no nos pertenecen. Se trata de un mundo exterior y extraño dentro de nosotros que contiene alimentos, líquidos, sustancias químicas, bacterias..., todo lo que ha sido tragado y consumido.

El tubo digestivo permite y controla el paso de todas estas sustancias extrañas que atraviesan nuestro cuerpo desde la boca hasta el ano. Y a lo largo de este viaje, los alimentos se convierten en nosotros mismos.

La mucosa digestiva es nuestra aduana: un «alto servicio de inteligencia del estado» del cual depende nuestra salud y nuestra vida. La digestión y la absorción son funciones vitales lo mismo que la respiración y la función cardiaca. La mala digestión tiene que ser considerada igual de importante que la mala respiración o la mala función cardiaca.

Podemos comprender que, en cierta manera, estamos huecos: nuestra esencia y eternidad se interrumpen en el lumen digestivo (la cara interior de las mucosas digestivas), y este tubo que nos atraviesa y contiene sustancias extrañas está a cargo de funciones tan importantes como defensa, fuerza, nutrición, energía, crecimiento, construcción de otros tejidos, desintoxicación...

Las emociones digestivas

Y una virtud más: el sistema digestivo detecta, procesa, canaliza y genera las emociones. «Sentimos con la tripa»: con la tripa somatizamos las emociones y el estrés, presentimos e intuimos muchos hechos; dentro de ella ocultamos los miedos y guardamos los recuerdos infantiles... Notamos un cosquilleo placentero que invade la barriga al recibir una buena noticia. Y sabemos que las situaciones de tensión y de miedo hacen que el estómago se encoja dándonos la sensación de que un ratón corroe nuestras entrañas. La reacción emocional puede llegar a producir náuseas, vómitos, diarrea o, por el contrario, bloquear todas las funciones digestivas.

Hemos aprendido en el capítulo anterior que tenemos un cerebro digestivo o sistema nervioso entérico con millones de neuronas que tienen poder para influir a través de sus múltiples neurotransmisores tanto en nuestra digestión como en nuestro estado psicológico.

El viaje del chuletón

Repasemos las bases de nuestra anatomía y la fisiología digestiva tan perfectamente diseñadas.

Tomemos como ejemplo una comida tan especial como un chuletón extremeño, muy sabroso. El chuletón es un símbolo social y casi nacional de España, no es la comida de todos los días, pero de vez en cuando a todos nos toca asistir a algún acto gastronómico acompañado por un buen asado. Me imagino que a muchos de vosotros se os hace la boca de agua simplemente al pensar en este trozo de carne aromática, tan grande que al servirla sobresale de los límites del plato. En este mismo instante tu sistema nervioso, central y periférico, recibe información sobre este chuletón imaginario y desencadena múltiples reacciones psicológicas y enzimáticas asociadas con su posible digestión.

Avancemos: el chuletón está a punto de entrar en el estómago (con cierta dificultad teniendo en cuenta su tamaño), donde tiene que compartir sitio con ensaladilla, croquetas, patata, verdura, vino y quizás un chupito por encima. Un alimento empuja a otro dentro de nuestra olla interna, la barriga nos avisa de que está llena y empieza a abultarse sobresaliendo de los límites de la cintura. La comida activa funciones neuronales digestivas que causan una liberación de las hormonas de bienestar, de modo que nuestro cuerpo bien saciado se afloja y relaja, nos pone de buen humor; aparece la necesidad de echar una siesta o por lo menos tumbarnos cómodamente.

Desgraciadamente para muchos, «el chuletón asado» es una comida que provoca múltiples malestares digestivos posteriores. Sin embargo, hay que diferenciar y diagnosticar las causas de estas molestias digestivas, porque ese trozo de carne sabrosa no tiene por qué hacer daño o provocar las molestias. Es la propia digestión la que ha perdido su capacidad de adaptarse a diferentes comidas, asimilarlas y procesarlas bien, de forma rápida y sana.

Limitar conscientemente el consumo de algunos alimentos con el propósito de cuidarse y prevenir las enfermedades o como una decisión medioambiental suena lógico y correcto. Pero borrar el chuletón o algún otro alimento de tu vida porque te provocará un dolor en la tripa, un ardor o algo más es una medida forzada por tus malestares, y antes de aceptarlo para siempre merece la pena intentar corregir tu respuesta digestiva y buscar unos compromisos sanos. No importa que no vuelvas a comer comidas «fuertes»; tiene que ser la decisión voluntaria de tu mente y no inducida por un sufrimiento digestivo.

Poner un trozo rico en la boca, masticar y tragarlo es el último acto consciente que hacemos; el resto se encuentra fuera de nuestro control y nuestro conocimiento. Al tragar un bocado perdemos la pista de lo que pasará luego dentro del túnel digestivo. Volvemos a ser conscientes de ello en el extremo contrario y final, cuando lo expulsamos con las deposiciones. De alguna manera, sin control mental ni esfuerzos adicionales por nuestra parte, el chuletón termina siendo nuestra sangre, nuestros músculos, nos aporta energía y los nutrientes esenciales, y el resto sale en forma de caca.

El sistema digestivo es un ser extraordinario que piensa por nosotros sin involucrar a la mente, repara los daños y aguanta todos los malos tratos que le proporcionamos. Y todo eso no lo apreciamos adecuadamente. Las referencias que nos quedan son las sensaciones, las señales que nos envía el cerebro digestivo.

Por ejemplo, después de comer podemos sentirnos a gusto, relajados, de buen humor y complacidos con todo, porque la tripa nos transmite este bienestar. Pero puede pasar lo contrario, que nos sintamos llenos, hinchados, con ardor y acidez, dormidos, pesados y, como consecuencia de ello, malhumorados.

El «pobre» chuletón puede repetirnos durante varias horas dando mal gusto en la boca y «bloquear» la digestión; de repente la ropa nos aprieta y la irritación y la frustración de uno mismo aumentan... El mismo plato puede transformarse en un símbolo de la pesadez de las comidas obligatorias y asociarse con las tensiones familiares, o una oportunidad de tener un placer enorme al poder compartir y disfrutar de una compañía agradable.

Tú eliges. ¿Cómo? Aprendiendo a reconocer tu carácter digestivo.

¿Puede ser la digestión «delicada»?

Os pido que abandonéis la ilusión de que uno puede tener «una digestión delicada» por sí misma, sin ninguna razón fisiológica ni patológica. Al creer en su delicadeza o sensibilidad digestiva como en su karma, la gente sacrifica un montón de los alimentos importantes eliminándolos de sus dietas para siempre, alimentándose de forma monótona y sosa hasta que llegan a padecer determinadas deficiencias nutricionales. Además, las limitaciones gastronómicas les impiden disfrutar de las comidas en los ámbitos laborales y familiares y esto afecta a su salud psicoemocional.

Si no puedes comer de vez en cuando un chuletón o una pasta (sin abuso de la cantidad ni la frecuencia del consumo, por supuesto), significa que tu sistema sufre un trastorno provisional, un error en algunos de sus programas, una avería, que se puede diagnosticar y aprender a controlar.

Las personas delicadas, esbeltas, sensibles, con afinidades éticas e intelectuales, lo mismo que aquellos tipos fuertes, resistentes y casi brutos, todos son capaces (diseñados y programados) de comer bien y de todo, chuletón incluido, y realizar digestiones normales. Simplemente necesitan comprender su propio estilo o personalidad digestiva, cuadrar las comidas con sus gastos energéticos y actividades diarias, y a partir de ahí, equilibrar las calidades y cantidades de los platos consumidos. Se puede «entrenar» a tu sistema digestivo a realizar funciones regulares y completas y «tolerar» bien la variación de las comidas.

Todos entramos en este mundo como bebés y desarrollamos pautadamente desde la infancia reflejos condicionados que, con el tiempo, van a definir el carácter de nuestro sistema digestivo y sus capacidades. Un bebé llora cuando tiene hambre, hace sus necesidades a menudo sin avisarnos y duerme mucho, y todo eso nos encanta, nos parece mágico y natural. A los niños los educamos poco a poco a comer en las horas determinadas y a hacer sus necesidades en los lugares adecuados; también corregimos sus horas de dormir y de tener actividades. Eso no es fácil y obviamente lleva un tiempo, porque partimos desde cero. Aplicamos enseñanzas a nuestros críos con amor y paciencia, y por eso un niño de tres años ya maneja el hambre y aguanta hasta las horas de comer, duerme por la noche y entiende para qué sirve el baño. Nutrimos a los niños adecuadamente ampliando de forma progresiva la diversidad de los alimentos y sus texturas; por eso sus mucosas se adaptan perfectamente a los cambios y aprenden a procesar y a beneficiarse de todo. Cada peque vive una transformación de su sistema digestivo, que parte de los instintos básicos e intuitivos y su medio ambiente interno estéril, llega a formar una conducta condicionada y entrenada de sus entrañas (según su ambiente familiar, social y cultural) y adquiere su microflora intestinal, que le servirá para toda la vida. Después, a lo largo de la etapa infantil y la vida adulta, aparecerán inevitablemente algunos factores que influirán negativamente y durante un tiempo en sus digestiones, pero nunca se pierde la capacidad de que el sistema digestivo aprenda y sea educado y entrenado.

Si quieres ser un maestro de tu cuerpo y dominar tus digestiones, hay que partir con frecuencia de cero, hacerlo con mucha paciencia y continuidad, y mejor con un asesoramiento o supervisión profesional. Es probable que no necesites esperar tres años como un bebé para volver a tener buenos reflejos digestivos, pero seguramente tengas que dedicar unos cuantos meses de tu atención plena a las digestiones, emociones y a la alimentación.

¡Y de verdad que merece la pena! Te animo a no renunciar dejándote llevar por los medicamentos y las limitaciones, sino a combinarlos con un trabajo más complejo de educación digestiva y alimentaria.

A veces, para empezar con tu camino hacia una digestión sana e inteligente, puede servir de gran ayuda la limpieza y desintoxicación digestiva y una dieta corta pero estricta con el propósito de la purificación corporal. En mi clínica lo llamamos

«Puesta a punto digestiva». Es como la ITV interna, que ayuda mucho a concienciarse del problema, asumir la necesidad de los cambios y aumentar la motivación.

C. es una joven alta y delgada, cantante de ópera, y que por las características de su metabolismo, el perfil hormonal y por los gastos energéticos, come como un caballo. No deja pasar ni un día sin comer unas buenas raciones de proteínas variadas, legumbres, verduras y algo de cereales. Su cuerpo, visualmente frágil y delicado, le demanda combustible «de calidad» aparte de cantidad.

Aprendió a fraccionar su dieta diaria en cinco comidas y a masticar bien. Desarrolló nuevos gustos y han dejado de apasionarle los hidratos de carbono y los postres.

Actualmente, C. no tiene ninguna molestia digestiva. Tiene una voz extraordinaria y por supuesto quiere convertirse en una estrella; por eso tiene claro que ese don hay que nutrirlo y respaldarlo con una buena salud. ¡Poca gente es tan consciente!

C. ha aprendido a captar los avisos de sus entrañas y no los ignora; al contrario, para volver a tener unas buenas digestiones ella realiza inmediatamente una dieta de unos tres a cinco días a base de alimentos variados, pero todos triturados, elaborados al vapor o hervidos en forma de sopas y purés (como suelen comer los niños pequeños). Además, se propone beber muchísimas infusiones calientes de plantas medicinales digestivas llevando su termo al teatro.

Tumbarse por la noche en una bañera con agua caliente y sales (unos veinte o treinta minutos) y acostarse con una manta que relaja las tripas añaden su eficacia para combatir los espasmos intestinales. Y el sistema digestivo no necesita mucho más para agradecérselo y funcionar bien.

Es un caso simple, pero con su moraleja: si tienes una relación con tu cerebro digestivo malentendida y malinterpretada y ese último empieza a trastornarse y requerir tu atención, hazle caso ya (como en cualquier relación… es mejor tomar medidas pronto), y en pocos días volverás a dominar tu salud y a entender tu digestión.

> Otro de mis pacientes es un muchacho deportista que tiene un cuerpo perfecto, pero el sistema digestivo totalmente averiado por el consumo continuo de los suplementos artificiales, que contienen demasiadas proteínas y hormonas. Al muchacho le faltan las comidas equilibradas, ricas en fibra y nutrientes y elaboradas con calidad; sus quejas principales son: falta de apetito, de energía, de ánimo, hinchazón, estreñimiento; no puede concentrarse bien en su trabajo; su barriga inflamada y prominente le frustra mucho.
>
> Visualmente, el joven no es nada delicado: es una definición de fuerza física. Sin embargo, llegó a desarrollar una digestión sensible y desequilibrada, además de un intestino irritable. Necesita una dieta muy estricta, ligera y muy distinta de lo que suele comer. Espero que pueda concienciarse y marcar los cambios importantes en su estilo de vida y hacerlo con paciencia.

La moraleja es que el deporte no perdona malos hábitos a la hora de comer ni los sustituye; no todo en la vida se consigue con la fuerza de voluntad y de los músculos, y los logros no sirven de nada si tu salud y energía resultan perjudicadas. No se pueden saltar las reglas básicas de buena nutrición y correcta digestión sin cosechar consecuencias dramáticas.

Repito que, en origen, tenemos un diseño perfecto, el cuerpo está programado para adaptarse y hacer su trabajo muy bien, procesando todos los alimentos, variados y consumidos con mesura. Es un sistema poderoso capaz de recuperarse y ajustar sus funciones enzimáticas a sus necesidades, además de regenerar sus mucosas y su equilibrio, a pesar de todas las perturbaciones alimentarias de su dueño.

Mi intención profesional es demostraros que si eliminamos conscientemente un alimento de nuestra dieta con el propósito de tratar un problema puntual digestivo, hay que intentar después reincorporarlo de forma opcional sin miedos ni complicaciones, que no sea un «fruto» prohibido para siempre: «Puedo comerlo pero no quiero, porque no es sano» o, quizás, «No siento pasión gastronómica por él, pero si lo comiera me sentaría fenomenal, sin malestar ni remordimientos».

Algunos de mis pacientes, que ya se encuentran en la fase del mantenimiento de su salud digestiva, me comentan que de vez en cuando les entra este morbo de «probar algo malo», algo que no hayan probado desde hace mucho tiempo, es decir «tocar el límite» de sus digestiones restauradas, probar cómo y hasta dónde se puede aguantar. Entonces uno come un chuletón, otro va a McDonald's con sus niños y el tercero sale de copas «a lo grande». Les sorprende la buena tolerancia y respuesta sana de sus tripas, como si no hubiese pasado nada, eso les recuerda mucho los tiempos de la juventud. Es muy gratificante saber que te puedes «pasar» en alguna ocasión y el sistema digestivo lo va a asimilar bien, pero os ruego que lo hagáis de forma ocasional y muy puntual, y que enseguida volváis a recuperar el equilibrio.

Es una sensación eufórica no sentirte mal, aunque lo esperabas, permitirte hacer algo totalmente suprimido y prohibido y no tener que sufrir. Normalmente con «pasarse» una sola vez uno se calma, el morbo está satisfecho y el tema está cerrado: «Puedo hacerlo, pero mi salud es más importante y no quiero intentarlo más, ya tengo un gusto más selectivo y exquisito».

La comida es un placer y una diversión y vale la pena no perderlos. Es mejor firmar un acuerdo pacífico y conseguir una buena colaboración diplomática con tu cerebro digestivo.

PABLO PINILLA
Productor musical

Mi vida siempre ha estado marcada por la competitividad y la hiperactividad del mundo musical. El descubrimiento y lanzamiento posterior de artistas y grupos musicales, la presión de las listas de éxitos, la búsqueda de esa canción que se convierta en un éxito, estrés y más estrés... Horarios de las comidas desordenados, viajes, cambios de ciudades y países, *jet lag*... han ido influyendo en mi salud y en mis estados de ánimo.

El encuentro con la doctora Irina y sus consejos para mejorar mis hábitos diarios de alimentación y al mismo tiempo limpiar mi interior con sus sesiones de hidroterapia han sido de gran beneficio para mí, tanto a nivel físico como psíquico.

Comer bien, a las horas adecuadas, y sobre todo conocer los alimentos que mejor tolera tu organismo, además de «desatascar las cañerías» de tu aparato digestivo un par de veces al año, es la mejor recomendación a seguir a cualquier edad.

Gracias, Irina, por enseñarme a practicar «la inteligencia digestiva».

Capítulo III

EMOCIONES Y DIGESTIONES. EL SÍNDROME DEL COLON IRRITABLE

Es mucho más importante conocer qué tipo de paciente tiene la enfermedad, que conocer el tipo de enfermedad que tiene el paciente.

WILLIAM OSLER

L., cincuenta y tres años, se considera una persona sana, salvo por la hipercolesterolemia familiar (colesterol alto por una causa genética), la cual controla con medicación; L. presenta asimismo un cuadro compatible con un colon irritable. Es un profesional apasionado por su trabajo, algo estresado, obsesivo y neurótico, aunque también es encantador y se hace cargo de todo. Su personalidad es la de un controlador acelerado y perfeccionista, obsesivo, algo típico en el síndrome de colon irritable.

Una buena amiga consideró que L. necesitaba ayuda a partir de una historia curiosa que les había sucedido. Un día estaban los dos reunidos en su despacho para tratar algunos asuntos laborales poco agradables. En el punto álgido de la discusión, L. se emocionó exageradamente, comunicándose de forma apasionada con un lenguaje corporal muy expresivo; y en ese preciso momento un estornudo inesperado desencadenó unos hechos irreversibles... ¡Con un sonido orquestal y de forma casi instantánea, la tripa de L. expulsó todo su contenido caldoso y caliente!

La tripa de L. no dejaba de sonar con borborigmos burbujeantes, mientras que su ropa interior y el pantalón se saturaron con una humedad sospechosa; todo eso impedía a L. realizar movimientos bruscos, es decir, él no se atrevió a salir pitando y desaparecer, evaporarse... Se congeló en su sillón, acumulando «la papilla».

El olor traidor no tardó mucho en aparecer, invadiendo todo el aire del despacho; era un gas maloliente y asfixiante que picaba en los ojos y producía arcadas.

La pausa silenciosa pareció durar una eternidad. Confusos y desorientados, ambos colegas no sabían qué hacer. El sonido del teléfono rompió el hielo y los dos empezaron a actuar, uno disculpándose con todas las palabras posibles del mundo y otra consolándole e intentando ayudarle ofreciéndole una caja de Kleenex y sus toallitas húmedas para desmaquillarse.

Lograron trasladar a L. al servicio que se encontraba en el pasillo sin que hubiera ningún otro testigo ni tampoco goteos llamativos en el parqué.

Una vez encerrado en el baño, L. esperó un buen rato hasta que la amiga consiguió comprarle un pantalón nuevo en la tienda cercana. Las pruebas del delito habían sido eliminadas. Realmente la amistad vale mucho, porque nadie se enteró de nada; los dos siguen colaborando como si no hubiese pasado nada.

Este caso reflejaba una aparición «triunfal» del síndrome de colon irritable en su plena manifestación.

L. tardó en llamar y pedirme cita, hasta que las rebeldías de su intestino adquirieron las dimensiones de la Revolución francesa.

El hombre llegó a mi consulta con un informe reciente de un servicio de urgencias médicas del hospital. El informe decía que el paciente había acudido con un fuerte dolor retroesternal (dentro del pecho, por detrás del hueso esternón), con la sospecha de tener un origen cardiaco. Considerando sus antecedentes, los médicos le realizaron un chequeo rápido y concluyeron que presentaba un brote agudo de colon irritable sin ninguna otra patología; su radiografía demostraba una acumulación excesiva de heces y gases en todo el recorrido intestinal. La distensión del colon había sido especialmente acentuada en la parte izquierda alta (en el ángulo esplénico del colon) y eso le había provocado molestias y dolores muy similares a los de un ataque cardíaco.

Afortunadamente, L. cumplió rigurosamente con todos los tratamientos y pautas recibidos en nuestra clínica. Esto le ayudó a recuperar la confianza en sus propios intestinos y a aprender a controlar y cuidar su sistema digestivo. Su trastorno intestinal se encuentra en plena remisión y desde hace un año no ha presentado ningún brote agudo.

Síndrome de colon irritable es el nombre más común de este malestar, aunque el término más correcto es el *síndrome del intestino irritable* o *SII*, porque este trastorno involucra no solamente al colon sino también al intestino delgado con su sistema nervioso entérico. Es una enfermedad funcional, caracterizada por alteraciones de la función gastrointestinal en ausencia de anormalidades estructurales del tracto digestivo. También se llama *colitis funcional, enfermedad intestinal funcional* o *neurosis intestinal.*

El síndrome del colon irritable es uno de los trastornos gastrointestinales diagnosticados con mayor frecuencia: se estima que entre el 10 y 15 por ciento de la población lo padece. Hay, por lo tanto, más de cinco millones de españoles que experimentan molestias compatibles con un cuadro de colon irritable. Este 10-15 por ciento es solo la parte visible del «iceberg», y nos remite a las personas que acudieron a la consulta médica por sus molestias digestivas; aunque el problema de SII se encuentra mucho más extendido en este país.

Muchas personas con los síntomas de un colon irritable simplemente sufren en silencio, con frecuencia porque sienten mucha vergüenza de hablar acerca de su enfermedad o porque no la consideran lo suficientemente importante. En otros casos, han padecido la enfermedad durante tanto tiempo que no creen que se pueda vivir la vida de otra manera y recibir ayuda que mejore su estado.

En Estados Unidos un 20 por ciento de la población se encuentra parcialmente discapacitada por la enfermedad intestinal funcional, y esto constituye un problema médico intratable y perturbador que llega a representar unos tres millones y medio de visitas a los facultativos al año. El coste de la enfermedad intestinal funcional para la sociedad americana es alarmantemente alto.

La importancia clínica y económica del síndrome de colon irritable es cada vez mayor, pues una de las dificultades para la sanidad es establecer este diagnóstico con el mínimo de estudios necesarios, dado que no se conoce un marcador fisiológico, bioquímico o de estudio por imágenes por el que se pueda realizar un diagnóstico preciso; por tanto, el diagnóstico final solo puede basarse en la sintomatología. *SII es un diagnóstico por exclusión de otros.*

El síndrome de intestino irritable es una enfermedad que afecta sobre todo a aquellos que tienen un nivel de responsabilidad elevada y constituye entre el 25 y el 40 por ciento (en algunos estudios realizados) de los diagnósticos realizados por un médico especialista del aparato digestivo. En general, es el séptimo diagnóstico en frecuencia al que llegan los médicos.

Los pacientes con trastornos del colon irritable pierden más días de trabajo, acuden más frecuentemente al médico y presentan una disminución en su calidad de vida.

Los síntomas de SII son dispersos y se caracterizan sobre todo por variadas molestias y dolor abdominal, diarrea o estreñimiento; a veces los pacientes presentan algunas de estas manifestaciones de forma alterna, más una sensación casi permanente de distensión abdominal (hinchazón) producida por gases y espasmos intestinales. Otro dato indicativo es la hipersensibilidad a alimentos irritantes, así como estrés.

El intestino irritable no está causado por un agente infeccioso. Sin embargo, se observa que en las situaciones de disbiosis (un desequilibrio de la microflora intestinal) los brotes de SII aparecen con mayor frecuencia y mayor gravedad (intensidad) en sus manifestaciones.

La intolerancia alimentaria y la alta permeabilidad intestinal casi siempre se asocian con el SII. Pueden ser, por un lado, las consecuencias de una inflamación digestiva crónica y, por otro lado, las causas iniciales que provocan esta enfermedad. Cada caso clínico es diferente. Una entrevista detallada con el paciente y un test de intolerancias alimentarias ayudan a tener un diagnóstico más preciso.

Cada paciente, a su vez, puede presentar hipersensibilidad a alimentos variados, aunque se ha observado que los principales alimentos a los que los pacientes de intestino irritable frecuentemente presentan hipersensibilidad son: el trigo, las levaduras, la leche, las grasas, el alcohol, el café, la cerveza y el huevo; una abundancia de fibra y productos integrales a menudo empeora la situación exacerbando la distensión abdominal y el dolor. Esto no significa que una persona con SII no pueda comer estos alimentos, sino que en las fases agudas de la enfermedad una limitación de estos productos en la dieta puede ser beneficiosa.

Los gases y los espasmos, las contracturas musculares intestinales, son aquellos síntomas «tiranos» que te doblan por su dolor o te hacen salir volando al baño. Los espasmos abdominales pueden llegar a ser muy dolorosos y, a su vez, estos «nudos» bloquean el paso de los gases empeorando las flatulencias. La irritación y el dolor culminan con unas «explosiones» anales frecuentes y caóticas; son los intentos del colon de deshacerse de su contenido.

SII suele ser una afección crónica y acompaña al paciente a lo largo de los años. Unas veces se presenta con síntomas leves que llevan a visitar al médico, mientras que en otras ocasiones puede llegar a suponer un importante trastorno en su vida diaria.

Admiro mucho los trabajos literarios de Vladimir Nabokov, y no tanto por su *Lolita*, que es su obra más conocida, como por sus relatos, novelas cortas, cartas, cursos universitarios, que brillan con la riqueza de los detalles y el profundísimo análisis del alma humana. Su sarcasmo agudo y su capacidad de describir con palabras hasta el último detalle de las cosas y los hechos cotidianos me impresionan enormemente y me hacen apreciar la simplicidad de la vida y fijarme en los pequeños momentos del día a día.

En su último trabajo, que fue medio recuperado después de su muerte y publicado hace un año, *El original de Laura* (existe una edición en español publicada por editorial Anagrama, 2010), V. Nabokov realiza una perfecta descripción del colon irritable (que además nos reafirma que la neurosis intestinal frecuentemente coincide con una baja autoestima de quien la sufre): «D 10. Odio mi panza, ese baúl lleno de intestinos que he de acarrear conmigo a todas partes, y todo lo relacionado con ella —la comida que no me sienta bien, el ardor de estómago, la carga plúmbea del estreñimiento o la indigestión con esa primera entrega de inmundicia caliente que expulso de mí en un retrete público tres minutos antes de un compromiso al que he de llegar a tiempo».

El estrés, la ansiedad emocional o la depresión suelen empeorar los síntomas y originar nuevos brotes agudos. El síndrome de colon irritable está altamente vinculado al estado psicoemocional de la persona, hasta el punto de ser considerado más como un trastorno psicológico que digestivo. Existen estudios que demuestran el desarrollo de SII en aquellas personas con antecedentes de trauma infantil, maltratos y episodios de violencia.

Para entender los trastornos funcionales del colon tenemos que volver al tema de nuestro segundo cerebro.

Se ha constatado que las neuronas entéricas (las células del sistema nervioso digestivo, las neuronas del segundo cerebro) liberan varios neurotransmisores, siendo los más importantes *la acetilcolina, la norepinefrina, el óxido nítrico, el péptido intestinal vasoactivo* y *la serotonina.*

La serotonina está producida por *las células enterocromafines* que tapizan el epitelio gastrointestinal. Estas células se activan ante estímulos de presión, como, por ejemplo, los causados por el paso del bolo alimenticio por el tubo digestivo, y la serotonina que se segrega excita los nervios que rigen el reflejo peristáltico. Se ha demostrado que el 90 por ciento de la serotonina corporal, el neurotransmisor que influye en el estado de ánimo y que produce la sensación de calma y bienestar, está producida por el cerebro entérico, el cual es capaz de sufrir sus propias neurosis.

Los científicos consideran que el sistema nervioso entérico (nuestro segundo cerebro) puede memorizar ciertas emociones y sufrir de estrés. Entonces las neuronas intestinales no solo controlan la digestión; ellas también producen sustancias psicoactivas que influyen en el estado anímico y además sintetizan benzodiazepinas, que tienen efecto tranquilizante.

Todo indica que el síndrome de colon irritable se origina en el cerebro intestinal o bien que este se halla implicado de manera fundamental. Los síntomas intestinales traslucen la personalidad y los conflictos psíquicos. La inseguridad, el miedo, la rabia, el control y otros factores similares producen retención y el consiguiente estreñimiento, úlceras intestinales o colon espástico.

En el intestino, donde se conectan las realidades interna y externa, se pueden retener aspectos de la propia personalidad que da miedo liberar.

> N., una mujer joven pero muy herida emocionalmente y poco feliz, no podía ver nada positivo ni salida alguna a sus problemas. La muchacha sufría con una tremenda hinchazón, dolores abdominales, estreñimiento que alternaba con episodios de diarreas, le costaba mucho hacer las digestiones y tolerar los alimentos. Todo esto era compatible con un colon irritable. Después de cada pelea o situación de frustración con su pareja, su intestino neurótico casi la discapacitaba; comenzaba con intensos dolores espásticos y bloqueos digestivos.
>
> Le costó volver a cuidarse y recuperar sus funciones digestivas, ha sido un camino largo con muchos desvíos, pero lo ha conseguido. En el caso de N. ha sido especialmente eficaz organizar un trabajo médico psicológico y sesiones de visualiza-

ción guiada, que le ayudaron a reconectarse con su ser interno, reconocer su propia personalidad y necesidad. Es como si ella, por fin, hubiera aprendido a escuchar a sus tripas, a su segundo cerebro. Recuperó las fuerzas y la confianza, se llenó con luz y positivismo y cumplió todos los tratamientos de desintoxicación y nutrición. Su sistema digestivo, todavía frágil y sensible, se recuperó y su colon irritable ya se encuentra bajo control.

Las emociones desempeñan un papel fundamental en los trastornos entéricos. Casi todos los pacientes con síndrome de colon irritable presentan problemas mentales y emocionales, como ansiedad, fatiga, agresividad, depresión o alteraciones del sueño.

Una diarrea puede ser resultado del miedo, que multiplica los estímulos sobre los circuitos productores de serotonina.

Una paciente mía con síndrome de colon irritable me habla sobre un brote de las diarreas agudas porque está atravesando un proceso de divorcio.

Otro, un hombre joven, suelta todo de su tripa con dolor y «espumas» después de comer cada domingo con su madre. El muchacho tiene impresos en sus dos cerebros recuerdos muy traumáticos de su infancia y la relación con su madre le produce mucho dolor y rabia.

Una teoría sostiene que los afectados —en sus cerebros digestivos— aprendieron durante la infancia a desarrollar molestias para hacer frente a situaciones de estrés. Digamos que provocaban un cambio de escenario: de esa manera conseguían que la preocupación por el síntoma físico dejase en segundo plano cualquier otro problema o dificultad.

En una entrevista detallada, el paciente con SII recupera habitualmente los recuerdos lejanos sobre algunas situaciones emocionales difíciles y repetitivas y donde su único escape era «el dolor abdominal». Por lo tanto, las molestias intestinales pueden revelar una dificultad para afrontar los retos que presenta la vida. El poder ayudarles es un trabajo desafiante.

Volvamos al tema de los cerebros hermanos que se influyen entre sí y pueden alterar las funciones de uno o de otro.

Ya hemos visto que las consecuencias intestinales de las emociones fuertes no son esotéricas o representan conceptos meramente teóricos; para la mayoría de las personas son problemas reales de la vida cotidiana. El cerebro, por lo tanto, se presenta como un autor obvio del dolor intestinal. La ansiedad, una pelea con palabras duras, un enfrentamiento emocional, una decepción pueden estar acompañados con diarrea y retortijones intestinales. Algunas personas ya están tan acostumbradas a la música de sus intestinos, que si no se presentan, no pueden llegar a reconocer siquiera que se encuentran ansiosos o estresados.

No obstante, el sistema nervioso entérico, por cuenta propia, puede causar la disfunción intestinal sin la participación o la influencia del cerebro principal. El dolor o la sensación de malestar en sus abdómenes que los pacientes mencionan puede ser real y estar desencadenado por anormalidades físicas o químicas de sus intestinos. Y como consecuencia de este malestar inicial les cambia el humor y les influye en la personalidad.

Existe una palabra argentina, «entripado», que se oye con frecuencia aquí en España; sentirse «entripado» puede aludir a unas molestias fuertes de la tripa o a un enfado extremo o a un agotamiento emocional. Y que el estómago «se cierre» en una situación estresante o que parezca poblado de mariposas ante el amor también tiene una explicación científica que se refiere a la alteración de su segundo cerebro, el sistema nervioso entérico.

«Irritable» significa que las terminaciones nerviosas de la cubierta del intestino están inusualmente sensitivas, que los nervios que controlan la musculatura del intestino están inusualmente hiperactivos y que las neuronas del sistema nervioso entérico producen cantidades excesivas de neurotransmisores. El resultado es que el intestino responde exageradamente a un suceso que puede ser totalmente normal, como es el paso de ciertas comidas, gas o líquidos por el mismo, que le lleva a una actividad muscular inapropiada, que puede detener momentáneamente el movimiento intestinal o desembocar en la necesidad imperiosa de expulsar material del intestino en un momento inadecuado.

La distensión abdominal es el síntoma dominante y puede resultar notorio en la persona afectada. Nunca es constante y puede aparecer y desaparecer en un corto periodo. Es típico que empeore durante el día y rara vez por la noche. Se dice que es un trastorno que deja dormir.

El SII empeora y da nuevos brotes también en las situaciones de cansancio, fatiga, falta de sueño, también con las comidas picantes, el alcohol y con determinados medicamentos.

En la comedia americana *Y entonces llegó ella* nos desternillamos de risa al ver cómo el protagonista, interpretado por Ben Stiller, sufre un ataque de colon irritable después de su primer encuentro con Jennifer Aniston en una cena de comida étnica. El pobre termina en una situación ridícula y vergonzosa averiando el baño de su novia. En su caso, el SII se manifestó tan bruscamente por dos razones: el nerviosismo del protagonista al enfrentarse a una posible relación sentimental nueva sumado a la comida picante.

Quien lo sufre no se ríe mucho; en la vida real no son pocas las personas con SII que viven situaciones en las que, en el momento de emprender una nueva relación sentimental y querer «impresionar» en la cama, su noche acaba en el baño. Y lo mismo puede pasar en las situaciones laborales: una presentación, una reunión con el jefe o una defensa en un juicio. Es altamente frustrante asumir que tu cerebro intestinal te puede traicionar en el momento más crítico, en la culminación de cualquier acción importante. De hecho, en la misma comedia mencionada utilizan el mismo tema para hacernos reír con el personaje muy particular de Philip Seymour Hoffman (el que hace de amigo del protagonista), que se hace caca encima en la recepción de una exposición de arte, susurrando que pensaba solamente tirarse «un pedo». Nunca se sabe…

En los casos de episodios de diarreas frecuentes las heces ácidas irritan el ano, provocan picores, inflamación y dolor en la zona rectal. Hasta el punto de que uno puede desarrollar cuadros de incontinencia provisional o perder la sensibilidad en la definición correcta entre gas y «caldo». Es un malestar muy importante y difícil de controlar y tratar, y quien lo padece no suele compartirlo ni pedir ayuda. Hasta que eso se transforma en una fisura o en hemorroides sangrantes.

Durante muchos años, a las personas que tenían dolor abdominal crónico se les ha dicho que sus problemas eran imaginarios o emocionales… Los pacientes que se presentan en la consulta con problemas que no se pueden resolver ni diagnosticar claramente son clasificados con frecuencia de mentalmente inestables. En la práctica médica diaria, desgraciadamente, muchos médicos piensan que los pacientes con desórdenes funcionales gastrointestinales, como por ejemplo el síndrome de colon irritable, están muy preocupados y centrados en sus intestinos y que en realidad todos esos trastornos son menores y que el dolor es mínimo. ¿Cómo podemos saber de verdad que el dolor que mencionan los pacientes es mínimo? Al no encontrar evidencias que a nuestros ojos justifiquen aquello referido por los pacientes, terminamos clasificando estas afecciones como de origen psicógeno y no ofrecemos ayuda alguna.

Cuando el tema se relaciona con otros órganos, como el corazón, los médicos creemos a pie juntillas lo que nos dicen, no dudamos cuando nos describen su dolor. No resulta nada claro por qué el sistema digestivo se trata de forma tan diferente al cardiovascular, ¿verdad?

Los tratamientos alternativos

El tratamiento del intestino irritable desde el enfoque de la medicina holística comienza, en primer lugar, por una terapia local: la hidroterapia de colon. Su objetivo es el siguiente:

- Desintoxicar y limpiar las paredes intestinales de los residuos antiguos y los gases acumulados, despegando los elementos endurecidos y concentrados allí durante muchos años y que pueden irritar la mucosa.
- Descongestionar el intestino grueso para obtener un tránsito adecuado.
- Activar los procesos de regeneración del revestimiento de la mucosa intestinal.
- Equilibrar la ecología y el pH intestinal.
- Relajar los espasmos y contracturas musculares, equilibrar la motilidad intestinal.
- Disminuir la irritación y la hipersensibilidad local intestinal.

El tratamiento local ayuda a la mucosa intestinal a cicatrizarse y calmarse y representa un modo rápido y eficaz de influir en un ambiente intestinal demasiado agresivo, ácido y poco ecológico.

Pondremos un ejemplo: cuando tenemos una zona de piel con mayor sensibilidad, o la llamada piel atópica o irritada, o con una quemadura leve, automáticamente intentamos cubrirla y/o evitar que esté expuesta a algún irritante, utilizamos algo calmante como la crema y la mantenemos seca, si podemos. Esto tiene su lógica, porque si mojamos o ensuciamos esta zona de piel afectada, se retrasará el proceso de recuperación y la posibilidad de poder volver a tener su aspecto sano y la plenitud de sus funciones.

«Lo mismo dentro que fuera», y viceversa. Si pudiéramos aclarar y «curar» localmente una sensibilidad exagerada, una irritación aguda del intestino, se calmaría con mayor rapidez.

Durante la hidroterapia el agua purificada y destilada que utilizamos puede ser además enriquecida con ozono, infusiones locales con plantas medicinales y fórmulas magistrales con probióticos (unas cepas selectas de las bacterias «buenas» de la microflora intestinal; el colon las necesita para su nutrición y para el aumento de la defensa inmune).

En las personas que padecen un síndrome de colon irritable, sin duda, el poder realizar sesiones de hidroterapia de colon produce un tremendo alivio y una clara mejoría de su estado intestinal. Sin embargo, para conseguir una remisión prolongada es esencial tener plena confianza por parte del paciente y una voluntad de seguir con las indicaciones terapéuticas y nutricionales después de una sesión de hidroterapia de colon.

El tratamiento de hidroterapia de colon produce resultados inmediatos; el paciente nota un alivio y una impactante desaparición de las molestias. A pesar de todo, la duración de este efecto curativo depende del comportamiento y la actitud posterior del paciente. La dieta mencionada y los suplementos son imprescindibles para conseguir una remisión a largo plazo.

Durante la limpieza de colon se aclara el lumen intestinal (la cara interior de la pared intestinal), se relajan los músculos y eso, a su vez, ayuda a eliminar los gases y los residuos tóxicos «atrapados» en la tubería humana. El agua que entra continuamente al colon deshace y elimina poco a poco las materias fecales y biliares antiguas ya endurecidas, que generalmente están pegadas a las paredes intestinales y en su mayoría desempeñan un papel importante en el mantenimiento de la irritación y la inflamación intestinal. Se elimina mucha mucosidad acumulada, epitelio descamado y moco comprimido con las irrigaciones colónicas. Estos productos se generan por la interacción entre nuestra mucosa y las bacterias. Normalmente se presentan en el colon sano en cantidades pequeñas, aunque, en un ambiente de inflamación localizada y persistente, estos subproductos propios se acumulan en el recorrido intestinal en cantidades alarmantes, «tapando» el lumen e impidiendo la nutrición adecuada del epitelio intestinal.

Bajo la presión suave e insistente del agua, las colonias sobrecrecidas de las cepas bacterianas patológicas, los hongos, los parásitos, las piedrecitas fecales y biliares, las múltiples arenillas, los cristales de diferentes sales y los minerales abandonan poco a poco el colon, saliendo por las tuberías del aparato de hidroterapia.

Los pacientes me preguntan para qué hacer la limpieza intestinal con agua si uno tiene tantas diarreas. Si elimino tanto que ya expulso solo un caldo maloliente, entonces ¿ya estoy limpio?

Volvamos al ejemplo de una lesión o herida externa que imaginamos que está inflamada y produce un exudado; un profesional para curarla (o tú mismo) limpiarías bien la zona afectada con una solución curativa, después la secarías y dejarías tapada y limpia o con un desinfectante o calmante. Tratamos el intestino de manera algo parecida: limpiando la zona irritada, hidratándola, relajándola y calmándola mientras aplicamos algún remedio.

Las personas con colon irritable frecuentemente alternan los episodios de diarreas con unos días posteriores de estreñimiento y cuentan con estas «pausas» como si fuera un «descanso» y una tranquilidad (relativa) dentro de sus tripas, pero este retraso del tránsito intestinal tampoco es una buena señal. El colon, después de sufrir episodios de diarrea, se queda irritado, agotado, con las mucosas arrastradas y las bacterias muy confusas y mareadas. Es un buen momento para aplicar una dieta estricta o casi un ayuno. Llenar el intestino inflamado con la caca nueva y dejarlo expuesto por unos días significa inducir nuevos brotes o episodios y más protestas.

Recomendaciones dietéticas

Si por alguna razón no puedes realizar una limpieza de colon, por lo menos te recomiendo aplicarte una dieta y seguir con suplementos después de los episodios de diarrea. Ejercicios de relajación, respiración y masaje abdominal también son de gran ayuda. Esto te ocupará unos quince o veinte minutos al día, pero la tripa te agradecerá este cuidado. Si quieres aprender a hacer estos ejercicios, encontrarás la información en *www.inteligenciadigestiva.com.*

La dieta recomendada para el tratamiento del colon irritable, que consta de suplementos probióticos (productos naturales que contienen una concentración terapéutica de las bacterias «buenas» de la microflora intestinal), remedios naturales y limpiezas, es la siguiente:

- *Excluir totalmente:* productos derivados de harinas blancas y de trigo (pan, pasta, cereales de trigo, productos empanados), cualquier leche natural, azúcar y productos azucarados, bebidas gaseosas, cervezas, alcohol en general, verdura cruda (salvo que esté triturada como para un puré o batido), legumbres, tomates, pimientos y berenjenas; naranjas; productos integrales con mucha fibra, salvado o sus semillas, frutos secos (salvo triturados), salsas y condimentos comerciales, productos fuertes y grasos como embutidos, frituras, quesos curados y semicurados...
- *¿Qué se puede comer?* Carnes sin grasa y pescados preparados al horno o a la plancha, verdura a la plancha, cocida, asada, mejor en forma de cremas y purés, productos lácteos fermentados como yogur, kéfir, quesos frescos, cuajada; arroz blanco, avena, un poco (dos rebanadas con el desayuno) de pan de centeno o de espelta, patata; fruta sin piel, miel. Se puede sustituir el pan por las tortitas de arroz o maíz, comer verdura y arroz acompañados con las proteínas sin grasa, cereales de avena o de arroz con leche vegetal, yogures y fruta.
- *¡Importantísimo!* Comer lento, masticar bien, beber por lo menos 2 litros de agua, muchas infusiones y fraccionar las comidas: comer poca cantidad cada cuatro horas. Hay que darle un respiro y una oportunidad a tu sistema digestivo, recuperarse bien después del terremoto que ha vivido. Además, insisto, una toma de suplementos probióticos que contienen unas cantidades importantes de bacterias

vivas y de fibra hidrosoluble (que forma un gel con el agua) tipo plantago, inulina o lino (más información en la web).

Para marcar una notable diferencia ruego seguir con la dieta y con las prescripciones por lo menos un mes. Si no puedes, sería recomendable unos cinco días posteriores al brote agudo de colon irritable que has vivido. ¿Por qué cinco días? Porque es el tiempo mínimo para el revestimiento de nuestras mucosas digestivas. Suponemos que cada cinco días el cuerpo regenera nuevas células y recupera las mucosas.

¿Has observado alguna vez a los animales (tus mascotas, por ejemplo), cómo superan sus problemas y enfermedades digestivas? Es muy curioso, porque ellos actúan a un nivel muy intuitivo percibiendo las señales de su cerebro intestinal. Normalmente los gatos y perros, cuando enferman, ayunan, dejan de comer lo que sea, beben mucha agua, se acuestan y duermen mucho, dándose todo el tiempo y el espacio necesario para la curación; los gatos buscan las hierbas frescas y las comen, a veces para provocar el vómito que les ayuda a limpiarse; y los perros de repente muestran interés por las verduras.

Los seres humanos somos igual de intuitivos y con un potencial mayor de curación interna propia. Los niños, en sus primeros años, mantienen algo parecido a esta conducta, hasta que llegan a estar totalmente condicionados por sus padres y sus ambientes sociales.

Una madre desesperada me trajo su hijo de nueve años a la consulta. Un chiquitito con una expresión de sufrimiento en su carita, que escuchaba y opinaba como un hombrecillo adulto sobre su tripa dolorida. El niño presentaba estreñimiento crónico desde que nació, meteorismo (un exceso de gases en el intestino e hinchazón abdominal), cólicos, y sangraba al expulsar los tapones de caca dura que se le formaban. El pequeño estaba acostumbrado a acudir a los servicios de urgencias médicas. La madre le daba cada noche un laxante o le colocaba un supositorio rectal; también se encontraba muy informado sobre las limitaciones de su dieta: hay que comer esencialmente verduras y fibras, y le ponía muy triste no poder consumir comida rica y divertida como sus amigos «sanos».

La inflamación digestiva del pequeño alcanzó su máximo umbral, y su intestino empezó a manifestarse a través de episodios agudos de diarreas e incontinencia anal: no podía controlar su esfínter y no sabía si le iba a salir gas o heces; a sus nueve años se hacía caca encima, por lo cual, en la escuela, rápidamente sus compañeros notaban el olor y pasaba a ser blanco de bromas pesadas. Ahora las consecuencias psicológicas superaban todo lo vivido. El niño me decía: «Ahora tengo pedos caldosos y no sé qué hacer». Se me ponía un nudo en la garganta al escuchar a esta criatura tan pequeña, frágil y sufridora.

¡Cómo me gustaría que existieran unos cursos de formación básica sobre salud digestiva y nutrición para los niños y los padres! Eso podría prevenir muchísimos problemas de salud tanto físicos como emocionales y así aumentar la calidad de vida de las nuevas generaciones.

El niño presentaba en esos momentos los síntomas compatibles con un colon irritable, pero en su caso no se podía descartar un cuadro de mala absorción por intolerancias graves, infección o alguna otra patología. Fue imprescindible realizarle estudios médicos profundos. Mientras tanto, en ese pequeño sistema digestivo urgía establecer un orden, empezando con una dieta que excluía totalmente todos los lácteos y productos de trigo (y reconozco que no es fácil para un niño de su edad), un tratamiento muy selectivo con distintos probióticos y productos enzimáticos.

El hecho de que el niño estuviera igualmente diagnosticado de asma bronquial y un cuadro de trastornos de atención orientaba a que muy probablemente había desarrollado una permeabilidad alta intestinal y que sufría de múltiples intolerancias alimentarias. Para poder ayudar a ese niño y a su madre tuvimos que realizar un trabajo adaptado a sus necesidades.

Me permito repetir que, para las personas que padecen de un síndrome de colon irritable, se debe realizar un enfoque integrado holístico, tratando todos los aspectos físicos y psicológicos de esta enfermedad.

Algunas pautas prácticas

Remedios naturales

1. El *magnesio:* como suplemento alimenticio o consumido con aguas minerales especiales, mejora y «ordena» el tránsito intestinal, estimulando la musculatura del tubo digestivo, «obligándole» a realizar unos movimientos suaves y cíclicos y así promover los restos alimentarios en la dirección correcta. El magnesio «entrena» al sistema digestivo para tener una motilidad organizada sin provocar ninguna irritación adicional de la mucosa; igualmente alcaliniza el cuerpo y tiene efecto «antiestrés» a nivel del sistema nervioso entérico. Además, este mineral activa la función de la vesícula y de las vías biliares hepáticas. Hay que tener mucho cuidado con las dosis de magnesio y la elección de su forma química,

pues, en dosis no adecuada y formas más activas (tipo sulfato de magnesio), puede acelerar demasiado el ritmo intestinal y provocar deposiciones blandas. Sin embargo, en su forma de carbonato o de oligoelemento, el magnesio puede ayudar a controlar «los altibajos anímicos» de tu tripa. Te recomiendo siempre consultar antes a los profesionales de la salud para asegurarte las dosis y las características del magnesio que mejor se adaptan a ti.

2. La cáscara en polvo del *psyllium, plantago ovata*: es una planta que presenta la característica de ser una fibra hidrosoluble que con una buena dilución en agua forma un gel, que, pasando por la tubería digestiva, lubrica y protege las paredes, hidrata y estimula suavemente los músculos intestinales. Por otra parte, esta fibra sirve como buen elemento de nutrición para la microflora intestinal e impide la absorción elevada de toxinas. En caso de las diarreas, el plantago ayuda a «apagar» la irritación y a darle forma a las deposiciones. En los casos de estreñimiento funciona como un laxante de masa: llena el espacio intestinal y por aumentar su volumen aplica una presión suave al intestino desde su lumen; esto estimula los músculos de su pared y provoca «olas» que aceleran la motilidad. Es verdad que, a veces, los pacientes tienen problemas intestinales tan graves que el *psyllium* no produce en ellos ningún efecto positivo y puede llegar a aumentar la sensación de hinchazón.

3. Otra forma de lubricar y desinflamar puede ser tomar *semillas de lino* enteras o molidas, previamente remojadas en el agua. El lino libera los mucílagos, que tienen propiedades cicatrizantes y calmantes sobre las mucosas; al ser una fibra hidrosoluble y con efectos nutritivos, ayuda además a regular el tránsito.

4. Hay muchos mitos alrededor de la famosa y poderosa planta *aloe vera*. Yo personalmente le tengo mucho respeto a este remedio natural y siempre recomiendo utilizarlo en forma de

planta viva o en fórmulas frescas preparadas de manera artesanal. La lista de las propiedades mágicas del aloe vera es interminable y la historia de su uso tiene miles de años. La pulpa de aloe tiene efectos antiinflamatorios, cicatrizantes y calmantes sobre el sistema digestivo; ayuda a recuperar el equilibrio del pH, mejora la microflora intestinal, cura las erosiones y ulceraciones; es excelente en casos de alergias e intolerancias. Todas estas propiedades se corresponden solamente con la parte interna suave de las hojas de aloe vera. Es muy importante saber utilizar solo la parte interna de las hojas frescas de aloe vera; me refiero a esa pulpa gelatinosa y transparente que se observa al cortar la planta. Hay que extraer la parte interna y eliminar toda la piel verde, densa, oscura de las hojas. La pulpa de aloe se puede triturar y mezclar con miel, vino, agua o tomarla de forma concentrada, pero no más de una cucharada sopera de la preparación fresca antes de cada comida principal. También se puede utilizar en las ensaladas o en batidos variados. Sin embargo, la piel de aloe vera tiene compuestos amargos, que actúan como un laxante irritante, por eso en los herbolarios los preparados de aloe vera frecuentemente se recomiendan para el estreñimiento. No es bueno utilizarlo para el colon irritable y mucho menos durante un tiempo prolongado. Repito, solamente su parte interna —todo lo contrario de la piel— es calmante, curativa y antiinflamatoria. Hay que asegurarse de que la fórmula de la preparación que vayas a comprar no lleve restos de la piel de la planta o, mucho mejor y más sano, tener en tu casa una planta, ya que no es nada caprichosa y crece bien. De este modo, puedes utilizar sus hojas según tus necesidades. Encontrarás en nuestra web más información sobre el aloe vera y sus fórmulas.

5. En aquellos casos de cuadros compatibles con neurosis aguda intestinal, se pueden utilizar con muy buen efecto las si-

guientes plantas medicinales: *valeriana, pasiflora, amapola de California, lúpulo e hipérico.*

6. En algunos pacientes las *infusiones de menta* tienen un efecto antiespasmódico significativo. El aceite de peppermint encapsulado ha demostrado ser bastante eficaz en más de dieciséis estudios clínicos controlados, hasta el punto de que algunos investigadores, cuando el síndrome del colon irritable no va acompañado de diarrea o constipación muy graves, consideran este producto como un fármaco de primera elección.

Cuando hago comentarios sobre los remedios naturales, siempre me refiero a una duración del tratamiento de unos dos meses por lo menos. Es el tiempo necesario para tener un buen efecto terapéutico, pues las plantas medicinales son en general más suaves en su acción en comparación con los fármacos y tardan en acumular sus niveles curativos en el organismo. La toma de medicaciones alternativas y complementarias constituye un ritual y una reconexión diaria con la naturaleza; hay que confiar, ser riguroso con la dosificación y tener paciencia.

Probióticos y prebióticos

Los probióticos son bacterias vivas que se administran en cápsulas o en polvo, o se encuentran incorporadas al yogur. Ayudan a restaurar el equilibrio de la flora intestinal y tienen efectos positivos sobre el sistema inmunológico. Es muy importante conocer las dosis adecuadas de cada cepa que queremos introducir en el intestino; hay que asegurarse de que estas preparaciones contienen los elementos vivos, puros y sin aditivos y que presentan las formulaciones apropiadas para sobrevivir en su camino hacia el colon. Hay mucha oferta en el mercado, pero siempre se recomienda encarecidamente el consejo profesional. Es mejor utilizar las fórmulas sin mucha mezcla de las distintas cepas, alternar la toma de los diferentes tipos de lactobacillus, bifidus y acidofilus. Estas son las tres líneas más representativas.

En mi consulta observo que algunos pacientes, cuando ingieren los remedios para la microflora intestinal a base de las diferentes levaduras (como de cerveza), pueden experimentar un incremento de sus flatulencias. Esto se debe a la presencia concomitante de intolerancias alimentarias o candidiasis. Cuando comienzas a administrarte un nuevo suplemento nutritivo, tienes que observar con mucha atención la respuesta de tu sistema digestivo.

Los prebióticos son un conjunto de diferentes fibras que sirven de nutrientes para las bacterias «buenas» y para nuestro epitelio intestinal. El representante más común es la inulina, que se puede tomar, por ejemplo, en polvo, en comprimidos o en zumo de ciruelas.

La toma diaria de batidos variados de frutas y verduras te asegurará un suplemento adecuado de los prebióticos (la forma triturada libera mucha más fibra y pectina necesarias).

Para más información, en relación con todos los compuestos descritos, así como sus formulaciones correctas, modo de administración, indicaciones, cuidados a tener en cuenta y efectos colaterales, visita nuestra web: *www.inteligenciadiges tiva.com.*

Hipnoterapia

La hipnoterapia está reconocida como un tratamiento valioso para el síndrome de colon irritable, hasta el punto de que en el Reino Unido existen, desde 2002, unidades especializadas para ello. El 80 por ciento de los pacientes muestran una mejoría sostenida de sus síntomas después de varias sesiones de hipnoterapia. También se ha demostrado que la hipnoterapia alivia los síntomas extracolónicos, mejora la calidad de vida y ayuda a los pacientes a recuperar sus actividades laborales. Una opinión muy extendida es que la hipnosis supone estar dormido o medio dormido y recibir sugestiones del terapeuta para realizar cosas raras, como levitar, por ejemplo; los prejuicios y el desconocimiento de la hipnosis llevan a la falsa creencia de que alguien puede dominar temporalmente tu conciencia navegando dentro de tu mente relajada. Pues no es así. La hipnosis terapéutica supone relajación, pero en un estado de conciencia plena. Según mi experiencia, se produce una mejoría muy notable de los pacientes que padecen trastornos funcionales digestivos (vinculados a un estado psicológico determinado) después de varias sesiones de hipnosis ericksoniana, con ejercicios de visualización guiada.

Otra técnica que ha demostrado ser efectiva son los viajes chamánicos: es también un proceso de visualización, pero inducido por una grabación de sonido de tambores. Por tener una frecuencia determinada, los tambores facilitan que el cerebro entre en un estado de relajación y pueda visualizar con mayor claridad, a través de imágenes, las posibles causas de sus problemas, al igual que las posibles soluciones. Por supuesto, todo esto debe estar bajo la supervisión personalizada de un terapeuta, que ayudará al paciente a entender los mensajes de su propio cerebro. Se denominan viajes chamánicos porque surgen de un conocimiento muy antiguo utilizado por los chamanes de diversas culturas en la Tierra. El doctor Michael Hartner, antropólogo especialista en cultura y tradiciones chamánicas, ha estudiado este proceso en diferentes sociedades antiguas y ha realizado una adaptación a Occidente y a nuestra forma de vida urbana para poder aprovechar los beneficios de muchas de estas técnicas en nuestro día a día. También son de gran ayuda los trabajos psicológicos en grupos pequeños, sesiones de pareja o con los familiares, para poder ayudar a estabilizar una neurosis digestiva.

Yoga

Algunas de las posturas y movimientos del yoga parecen ser beneficiosos para los pacientes con el síndrome del colon irritable. Algunos estudios clínicos controlados en pacientes jóvenes y adultos con síndrome del colon irritable que practicaron yoga durante dos meses con doce asanas (posturas de yoga) han demostrado que esta técnica de relajación es más efectiva que la loperamida en el control de la diarrea. Las posturas empleadas conjuntamente con una respiración adecuada ayudan a relajar los músculos abdominales, expulsar gases, mejorar el peristaltismo…

ANA MARÍA RUIZ SANCHO

Psiquiatra. Psicoterapeuta. Consultora de dinámicas de grupo e instituciones. Fundadora y directora de VocAcción

Las «tripas», las entrañas, son, a mi entender, el componente visceral de nuestra conciencia. Algunas veces sentimos en nuestras tripas antes de ser capaces de identificar y poner en palabras nuestras emociones. En muchas ocasiones, las tripas empujan, actúan y expresan por nosotros aquello que está a punto de hacerse consciente y que nos intimida o asusta (movimientos de vientre, explosiones, protestas, descarga...); hablan la verdad cuando nos empeñamos en negar.

La doctora Irina nos guía de una forma creativa, apasionada y bien documentada sobre cómo desentrañar los secretos de este subsistema corporal.

A pesar de mi formación médica, y hasta consultar con Irina, no había encontrado mejores consejos para paliar las diversas intolerancias y molestias digestivas que vengo padeciendo desde niña que las bienintencionadas palabras que me transmitían mis mayores parafraseando los consejos de don Quijote a Sancho: «Come poco y cena más poco, que la salud de todo el cuerpo se fragua en la oficina del estómago». Luego sigue: «Sé templado en el beber, considerando que el vino demasiado ni guarda secreto ni cumple palabra»; «Ten en cuenta, Sancho, de no mascar a dos carrillos, ni de eructar delante de nadie».

Ahora contamos con una valiosa y actual alternativa. Este libro es un documento inteligente e informado que integra las modernas tendencias en ciencias de la salud y nutrición en un momento en el que, más que nunca, somos conscientes de la necesidad de cuidar la alimentación y nuestro cuerpo para alcanzar mayores niveles de salud y bienestar.

La doctora Irina es una profesional excelente, comprometida y muy intuitiva que tiene el insólito don de integrar los conocimientos procedentes de las más diversas disciplinas, haciendo de su práctica un arte.

Capítulo IV

UN TABÚ SOCIAL

No sabemos exactamente en qué momento de la historia humana se empieza a tratar el tema de las tripas (la función intestinal en particular) como algo tremendamente vergonzoso y poco ético; algo que no merece ser digno de atención y menos de ser comentado en el ámbito social.

Las funciones digestivas son asuntos corporales muy íntimos y poco entendibles para nosotros mismos; la digestión tiene su propio curso con múltiples programas internos y de lo que se trata es de que no nos produzca molestia alguna ni recuerdos desagradables. Curiosamente, nos resulta más aceptable y más fácil hablar sobre el sexo, pero no se nos ocurre chismorrear y discutir sobre nuestras digestiones y nuestras defecaciones.

En general, estamos muy condicionados por el ambiente social y familiar, donde la opinión y el juicio de otros tienen una importancia tremenda y predomina la naturalidad. Sin recibir un reconocimiento social ni siquiera nos sentiríamos identificados. Nuestra conducta digestiva también sufre la influencia social, educativa y familiar.

Un paciente mío me confesó que desde la infancia había sido un chico hiperactivo y nervioso, y para no quitarle tiempo a sus juegos infantiles suprimía su necesidad de defecar hasta que se le caía la caca o hasta que tenía cólicos fuertes (como consecuencia de los gases producidos por las heces retenidas).

A su vez, eso le convertía en el centro de las bromas de sus compañeros. Tiene grabado en su memoria infantil que hacer caca es malo y vergonzoso, que hacer de vientre es algo molesto y desagradable.

Con la edad generó un cuadro de estreñimiento crónico, con su sobrecarga tóxica, y había terminado en más de una ocasión en los servicios de urgencias de los hospitales.

Sus propias digestiones y necesidades le producían negativismo y repugnancia, por lo que él llegaba a ignorarlas y descuidarlas seriamente. Le costó un trabajo enorme recuperar sus reflejos naturales y aprender a respetar su sistema digestivo.

Otro paciente, desde la edad adolescente y bajo la violenta influencia familiar (miedo frente de la autoridad del padre y los castigos), se acostumbró a retener los gases y las heces hasta que terminaba con dolores abdominales fuertes y frecuentemente en urgencias. Ha sufrido un trauma psicológico infantil, somatizándolo por sus intestinos.

Ahora es un hombre joven que tiene problemas crónicos tanto digestivos como psicológicos y necesita una medicación continua.

Volvamos a la historia.

En Egipto, el culto a las tripas y a la higiene intestinal era una parte importante de la vida de los faraones. Los sacerdotes egipcios observaban cómo el pájaro sagrado ibis introducía el pico en su propio ano soplando agua y con eso se realizaba un lavado intestinal (figura 1).

Enseguida lo adaptaron a la vida del faraón.

Figura 1. Grabado antiguo que muestra al ibis o cigüeña negra realizándose un lavado (Plinio el Viejo, *Historia natural,* Cátedra, Madrid, 2002).

Existía un cargo prestigioso que era ser guardián del ano del faraón, y el trabajo consistía en soplar agua a través de un tubo de oro con el objeto de limpiar el noble ano después de haber ingerido comidas copiosas (figura 2).

En la antigua China tener las tripas hinchadas y sucias significaba ser maleducado y acumular una energía negra y negativa dentro, que no fluye hacia fuera y por eso te hace daño. Sigue siendo la base más importante de la medicina tradicional china.

En la India, los tratamientos de la medicina ayurvédica apuntan a la limpieza corporal y energética como la raíz de la salud y del equilibrio.

Figura 2. Grabado antiguo que muestra la introducción de material líquido en el recto mediante soplado (T. Bardinet, *Les papyrus médicaux de l'Égypte pharaonique. Traduction intégrale et commentaire,* Ed. Fayard, París, 1995).

La práctica de las purgas, dietas, ayunos y el uso de plantas medicinales para la salud digestiva lleva ya miles de años de historia.

En la antigua Roma se producían encuentros filosóficos y retóricos en los baños públicos: sus ciudadanos ya sabían que la buena digestión favorece un pensamiento más claro y promueve la inteligencia y el buen humor. Existen antiguos grabados que muestran imágenes de bancos hechos de piedra y de arcilla, huecos por dentro, unidos en un cuadrado. Cada banco presentaba varios agujeros para sentarse. Un buen modelo de váter público. Los barbudos filósofos se sentaban así, unos frente a otros, respetando muy bien sus necesidades fisiológicas. De este modo, discutían sobre poesía, matemáticas y astronomía…

En Europa, en la época medieval, todos los aspectos de la digestión humana representaban las partes normales de la vida cotidiana. Defecar, soltar los gases y hacer todo eso sin desplazarse mucho de donde se estuviera no se consideraba nada malo, sino la expresión de la naturaleza humana. Por falta de higiene, los desechos y los residuos humanos casi no se limpiaban. En consecuencia, a lo largo de la historia se desencadenaron violentas epidemias que mataban en cuestión de meses a miles de personas.

En aquella época ya aparecen en Europa los médicos y los curanderos que aconsejan la limpieza, la mínima higiene digestiva y utilizan los «desinfectantes» naturales.

La Iglesia capta esta necesidad de los cambios higiénicos y empieza a separar a los enfermos en los conventos, a usar inciensos aromáticos durante las misas y a proclamar la limpieza como el deseo de Dios. Aparecen los primeros baños públicos y las nuevas normas sociales. Por ejemplo, en la Inglaterra victoriana, había que limpiarse en los baños públicos, después de hacer de vientre, con una «fregona» que estaba preparada en un cuenco grande de agua «limpia». ¡La misma para todos! Al fregar con ella sus entrepiernas uno se consideraba limpio.

En el Antiguo Testamento se recomienda que, para alcanzar la pureza espiritual, hay que mantener el cuerpo limpio, y se dan consejos de cómo hacerse un enema con una calabaza grande. Una vez vaciada, era apta para ser utilizada como recipiente. Había que colocarla en un arbusto, llenarla con agua y haciendo uso de una rama seca hueca se procedía a introducir el agua limpia en los intestinos.

Entonces ya se estaba aprendiendo acerca de la higiene intestinal y no había surgido todavía nada vergonzoso ni prohibido sobre las tripas.

Con la separación de la sociedad, la clase alta y noble ya empieza a cuidarse más y a separar los temas del pueblo de su «sangre azul». Aparecen aromas, baños limpios y ropa interior especial. Sin embargo, los temas digestivos todavía no estaban bien difundidos, ni siquiera en el entorno noble.

En Francia nos asombran las residencias reales como Versalles o Fontainebleau por su hermosa arquitectura y lujo. La belleza de las salas y los salones impresiona, pero no hay baños, ni rastro de algún váter... La primera bañera simple y el váter de diseño militar aparecen en época de Napoleón.

Da la impresión de que, unos siglos antes, todos los rituales digestivos se realizaban con una naturalidad absoluta... en los jarrones de porcelana de palacio (es decir, los orinales), en las mismas salas; y los sirvientes tiraban los contenidos de estos recipientes en los jardines, muy cerca.

Absolutamente todo se chismorreaba y discutía en la corte, no había limitación ni temas vergonzosos: desde el color de la diarrea crónica del rey hasta el color de los vestidos de la nobleza de la temporada. A Luis XIV no le gustaba lavarse y toda su vida los sirvientes lo limpiaron con unas toallas húmedas aromáticas, y obviamente servía de ejemplo para muchos fieles de su corte. El Rey Sol presentó problemas digestivos que parecían estar más bien relacionados con la sobrealimentación. La solución adoptada fue copiada del antiguo Egipto: practicar los enemas «al estilo real» con tubos de oro y aguas de rosa y de lavanda. Está documentado que, a lo largo de su vida, Luis XIV recibió más de dos mil enemas que le mantenían en una buena forma. La corte francesa discutía los enemas del rey y, por supuesto, todos los practicaban. El Rey Sol murió a la edad de setenta y siete años (de los cuales setenta y dos fueron de reinado). Para su época tuvo una vida muy larga, bien sana y la mente lúcida hasta el final.

Con el desarrollo de la medicina y de la sociedad en general y con el descubrimiento de los antibióticos nos apartamos de los enemas por disponer de pastillas mágicas para todos los males. Bajo la fuerte y compleja influencia del entorno exterior empezamos a identificar las propias entrañas como algo sucio, maloliente, algo que tenemos en común con las bestias salvajes. Expulsar el aire por la entrada o por la salida es de mala educación y hablar de las digestiones y de las defecaciones es de mal gusto.

Desde la niñez recibimos los conocimientos de cómo y dónde hay que realizar las funciones digestivas. A un niño que accidentalmente se hace caca encima o que suelta los gases para divertirse le decimos: «¡Eso no está bien!», «No puedes hacerlo».

En general, no nos molestamos ni consideramos esencial explicar a los niños que en realidad es muy bueno y muy importante ir al baño todos los días, y que la caca y el aire tienen que salir; forma parte de nuestra vida, es natural y necesario, y eso les hará crecer y ser limpios y sanos.

Sería estupendo que empezáramos a enseñar a los niños a hacer sus necesidades naturalmente cada mañana, a solas en el baño, aclarándoles que no se trata de un acto feo, sino simplemente de algo personal e íntimo que no hace falta compartir. Los niños son divinos, lo captan enseguida y lo hacen muy bien.

TERESA BUEYES HERNÁNDEZ

Abogada

Desde estas breves líneas deseo expresar mi agradecimiento a Irina, gran amiga y magnífica profesional. Gracias a ella he aprendido a escuchar a mi cuerpo y a entender el vínculo que los alimentos y el proceso digestivo mantienen con las emociones. Saber comer no es solo un placer, sino que ha de servir para concienciarnos de que el fin de la alimentación es generar energía saludable, y que podamos sentirnos fuertes y llenos de vitalidad. Por este motivo, hemos de desechar por completo la ingesta de todos aquellos alimentos en cuya digestión gastamos más energía de la que nos proporcionan y que solo sirven para intoxicarnos y dejarnos exhaustos física y psicológicamente. La primera vez que acudí a la consulta de Irina mi única obsesión era el problema del sobrepeso. Resolverlo ha sido un proceso complicado, pues se daban al mismo tiempo varios problemas endocrinos y emocionales. Encontrar una solución no fue tarea sencilla. Después de cuatro años, y gracias a Irina, he aprendido a controlar mis problemas metabólicos a través de una adecuada alimentación y tres o cuatro horas de deporte moderado a la semana. He descubierto cómo las limpiezas del colón te pueden proporcionar un equilibrio físico que trasciende a lo psíquico de forma espectacular y cómo todo ello redunda en un aumento considerable del bienestar y belleza. He aprendido a escuchar mis emociones, sentimientos y qué relación guardan con la comida. Es imposible estar sano si no nos cuidamos por dentro. Entender todo esto que les cuento, el proceso digestivo, la combinación adecuada de alimentos, la importancia del intestino y su cuidado, la alimentación que nos conviene y cómo influye en nuestra psique... es un mundo apasionante que les atrapará. Les sugiero que lean este libro y que disfruten con la experiencia holística de ponerlo en práctica.

Capítulo V

EL ESTÓMAGO

Nuestra próxima parada es el estómago.

En España descubrí que, para mucha gente, el término «estómago» significa todo aquello, o casi todo, lo que está por debajo del pecho. Por esa razón, los comentarios son del tipo siguiente: «El estómago me hace ruido», «Estoy mal del estómago», «Tengo un vacío en el estómago», «Sufro del estómago», «Tengo el estómago delicado», «¿Por qué tengo el estómago inflamado y muchos gases?», «Tengo el estómago superhinchado», «Tengo un nudo en el estómago», «Un estómago revuelto y *chungo*»; «Mi estómago está abombado», «Mi estómago es un globo»... A veces alguno está convencido de que tiene un «estómago de hierro o de un tiburón», otro se me presenta con un «dolor en la boca del estómago», y el siguiente lo tiene «muy flácido», o «estómago cerrado», «duro»; muchos sufren de «pesadez del estómago».

Son quejas muy comunes y muy generales que pueden referirse a cualquier problema del sistema digestivo y no necesariamente al estómago mismo. El trabajo médico profesional consiste en diferenciar el nivel de la avería y encontrar sus causas.

Por ejemplo, en la mayoría de los desórdenes intestinales y de la vesícula biliar la gente le echa la culpa al estómago y piensa que tiene unas digestiones lentas y que todo sucede dentro del estómago. Los gases y el estreñimiento pueden inflar toda la tripa y, como consecuencia, presionar el estómago hacia arriba, aunque el pobre, no tiene nada que ver con esta hinchazón, evidentemente, pero esta presión puede «hablarnos» a través de una sensación de ardor que sí tiene que ver con el estómago.

Es difícil distinguir dónde suceden exactamente las cosas dentro de la barriga, por eso todo lo terminamos atribuyendo al estómago. Y eso sucede no por ignorancia sino por la propia historia.

Un poco de historia

A lo largo de los siglos el estómago fue considerado como la parte inicial y más importante de las tripas, que nos hablaba en el idioma del hambre, y el hambre era peligrosa y podía quitar la vida. Llenar el estómago con comida significaba todo: la fuerza, el sobrevivir, el poder trabajar y el no «convertirse en un animal movido por el hambre».

La palabra *estómago* deriva del latín *stomachus*, que a su vez procede de la palabra griega *stomachos*, que tiene su raíz en *stoma,* que significa «boca».

Inicialmente los médicos medievales consideraban al estómago como un *ser capaz de pensar*, un núcleo activo. Galeno de Pérgamo (130 d.C. – 200 [216] d.C.), el médico griego más influyente en la medicina europea a lo largo de más de mil años, calificaba al estómago como un ser animado que *podía sentir su propio vacío* y generar la sensación de hambre. En su tratado *Sobre las propiedades naturales*, Galeno escribió: «La naturaleza ha concedido al estómago y en particular a las partes cercanas a la boca la capacidad de *sentir* la falta de alimentos, esto despierta un hambre animal e incita a buscar comida. Es, además, un almacén de la nutrición».

El médico y filósofo Avicena reconoció la importancia de la nutrición y la vulnerabilidad del estómago en la enfermedad, y dio abundantes consejos sobre la dieta y la digestión, escribiendo principalmente sobre el estómago y los intestinos en relación con estos dos factores. Él observó que «la excitación mental o las emociones y el ejercicio físico vigoroso dificultan mucho la digestión».

El Maestro Nicolás, en el siglo XII, escribió poéticamente: «El estómago tiene por debajo al hígado, como un fuego debajo de un caldero; el estómago es como una olla de comida, la vesícula biliar, su cocinero, y el hígado es el fuego».

Más tarde, en el Renacimiento, los médicos presentaron la compleja teoría del estómago como un órgano frío y seco que actúa como uno de los principales órganos del cuerpo. El artista y anatomista del Renacimiento Leonardo da Vinci proporciona una descripción muy interesante del estómago y del tracto gastrointestinal, ya que creía que el sistema digestivo era la principal ayuda para nuestra respiración.

Volvamos de la historia a nuestro estómago. Como hemos visto, es un *órgano-símbolo*, una referencia de los males digestivos en general y además de los males emocionales.

Las virtudes anatómicas y fisiológicas

El estómago tiene una forma de «J» y representa una dilatación del tracto alimentario limitado proximalmente (por arriba) por «un puño» muscular que es el esfínter esofágico y distalmente (por debajo) por el esfínter pilórico, otro «puño», que regula la salida de los alimentos parcialmente procesados al intestino delgado.

El estómago está recubierto por una mucosa de epitelio muy especial, por debajo de la cual hay una capa de tejido conectivo. Ambas láminas son materiales fuertes y densos que poseen una virtud vital: protegerse del propio ácido estomacal. Por debajo de estas, existen tres capas musculares, cubiertas por una serosa.

Un estómago adulto es capaz de recibir y contener entre 1 y 3,5 litros de los alimentos y líquidos y producir hasta 3 litros de jugo gástrico cada veinticuatro horas.

En el estómago se realiza la digestión y la absorción de algunos compuestos de nuestros alimentos, por lo cual el bolo de la comida consumida va convirtiéndose en lo que se denomina el «quimo» (una papilla). El estómago se encuentra muy lejos de ser algo parecido a una olla que se utiliza para preparar una «sopa» interna y transportarla hacia el siguiente tramo digestivo. Este órgano está tapizado con una red de células inteligentes, las cuales, desde el momento en que olemos la comida, ya empiezan a preparar cantidades precisas de ácido, de enzimas (las enzimas son proteínas complejas que producen un cambio químico específico en otras sustancias y catalizan reacciones químicas, sin que exista un cambio en ellas mismas) y de hormonas y a programar sus funciones musculares.

El estómago secreta agua, electrolitos (sustancia que contiene iones libres), enzimas y glicoproteínas (proteínas unidas a carbohidratos), que intervienen en toda una serie de funciones fisiológicas. En él comienza la digestión de las proteínas y los triglicéridos, el complejo proceso de absorción de la vitamina B12 y la defensa contra los microorganismos mediante la acción del ácido clorhídrico.

La enzima más importante que se encuentra presente en el estómago es la pepsina, que tiene como función romper las cadenas moleculares de las proteínas transformándolas en unos trocitos más pequeños. La pepsina se genera en las células de forma desactivada como un precursor; para estar activada requiere la presencia de ácido, que el estómago, efectivamente, le proporciona.

El proceso conlleva un preciso cálculo del tiempo y de los gastos. Inteligentemente, se producirá el ácido y la pepsina se activará cuando la comida se encuentre dentro del estómago, desencadenando con eso los procesos digestivos. Esta virtud aumenta la protección de la mucosa y disminuye el riesgo de reflujo.

El «caldo de la bruja»

La capacidad del estómago de generar el ácido clorhídrico puede llegar a niveles industriales. Un trozo de metal puede ser disuelto en nuestro zumo gástrico y el plástico se deshace en pocas horas. Es como un «caldo de la bruja» que convierte un chuletón en una crema y que mata todas las bacterias y los parásitos que tragamos inevitablemente.

El ácido estomacal es tremendamente abrasivo, destruye y quema todo a su paso. Supongo que alguna vez todos nosotros hemos padecido momentos de reflujo o, peor, de vómito, y con él experimentamos el gusto y la intensidad de nuestra propia acidez. Ese ácido clorhídrico nos sirve como un escudo líquido, imprescindible para la vida, un arma poderosa que nos defiende o nos ataca cuando se desplaza de su espacio natural.

Trabajo con pacientes que sufren trastornos del comportamiento alimentario, la mayoría de ellos con un cuadro que se denomina bulimia (es el acto voluntario de vomitar después de comidas abundantes y/o atracones). Se trata, en general, de mujeres jóvenes que han adquirido el hábito patológico de vomitar durante años, incuso décadas, todos los días y varias veces al día. La bulimia es una consecuencia psicopatológica de una carencia emocional y afectiva, o de un trauma psicológico que no está resuelto; es una «trampa» mental expresada en la relación amor-odio con las comidas. ¿Qué les pasa a las personas que sufren bulimia? A causa de los vómitos frecuentes, el ácido gástrico les destruye los dientes, los disuelve literalmente poco a poco hasta que se rompen como si fueran de porcelana; el contacto diario con el ácido clorhídrico les provoca una dermatitis profunda y úlceras en los dedos de las manos (los usan para ayudarse a provocar el vómito). Las cuerdas vocales, la faringe, la lengua y la boca están permanentemente inflamadas y sensibles, los labios y las comisuras de la boca presentan la piel seca y endurecida. Por no hablar de los daños del esófago y del esfínter gástrico.

Lo bueno es que nuestras mucosas digestivas y los tejidos humanos en general tienen un potencial regenerativo impresionante; con cuidado, una cura y ayuda se revisten y recuperan a pesar de tener daños graves. Sin embargo, la recuperación de las funciones motoras y musculares lleva mucho más tiempo.

Curiosamente, el estómago está bien protegido de sí mismo. Una gruesa capa de mucosa, secretada por otras células de sus paredes, recubre su interior e impide que se digiera a sí mismo. Si hay demasiado ácido, o la capa mucosa es deficiente, el contenido ácido erosiona las paredes del estómago y abre agujeros en ellas. Son las úlceras gástricas.

La producción de un moco alcalino muy denso y resistente es una característica exclusiva de las células del estómago.

¿Cómo se vacía el estómago? Se pone en marcha el mismo control de tipo nervioso y hormonal. El esfínter pilórico que se encuentra en la salida del estómago se va relajando a intervalos y va dejando salir parte del quimo alimentario, que pasa al duodeno, que a su vez es la primera parte del intestino delgado. La llegada de los alimentos al duodeno desencadena la producción de las hormonas secretina y colecistoquinina, que estimularán a la vesícula y al páncreas y neutralizarán el ácido estomacal, alcalinizándolo.

A modo de resumen, podemos decir que todo tiene que ocupar su lugar apropiado y todo se encuentra ordenado y organizado por nuestra inteligencia digestiva.

Las emociones y el estómago

Existe un vínculo importante entre el estómago y las emociones, nuestro estado psicoemocional y nuestro estado digestivo.

Ya en tiempos antiguos, las dificultades digestivas se asociaron con problemas psicológicos y se tenía en consideración la influencia de la mente sobre el estómago. Desde entonces hasta hoy sabemos que *el estómago se cierra en un puño o un nudo en las situaciones de miedo, luto, estrés, tristeza.* Perdemos apetito con la tensión emocional y cuando nos enamoramos. El estómago puede estar «partido», más que el corazón. Uno nota «un vacío», «un frío» en el estómago con la soledad, el abandono y la frustración profunda. Otros aluden a las «mariposas en el estómago» al recibir un aumento de sueldo o alguna otra gran noticia o alguna situación de reconocimiento personal. Algunos de mis pacientes me dicen: «Mi estómago se llena de rabia». Y otros pueden alojar en él «la ansiedad, el sufrimiento, el odio y la ira». Algunas personas confiesan: «No me da el estómago para hacer esto» cuando se refieren a una situación intensa o importante, o deben tomar una decisión emocional o realizar un cambio. En ocasiones me dicen: «Doctora, el estómago me pide exclusivamente dulces». El estómago puede «abrirse con ansias como un agujero negro sin límite ni fondo» donde uno empieza a meter todo lo que encuentra, en especial los dulces y la comida basura, intentando «acallar o llenar» esta «hambre fingida… que en realidad es una falta de felicidad, tranquilidad, relajación»

En los capítulos anteriores ya hemos visto que llamamos a esto una psicosomatización de las emociones; son situaciones procesadas por nuestro cerebro digestivo, y expresadas con y a través de sensaciones estomacales o intestinales.

Los malestares del estómago y los tratamientos complementarios

1. *El reflujo gastroesofágico y la hernia de hiato.* Los trataremos más adelante en un capítulo específico.

2. *La infección por la bacteria Helicobacter pylori.* Una vez confirmada y diagnosticada, se trata con antibióticos; en mi opinión profesional, hay que hacerlo con rigor y constancia. Esta bacteria es muy resistente y puede provocar muchos problemas para la salud. Es mejor tratarla bien.

Una vez erradicada la bacteria, es imprescindible (desde el punto de vista de la medicina integrada) realizar un tratamiento de dos meses con los probióticos (suplementos de las bacterias buenas) para recuperar la microflora intestinal y considerar la realización de un drenaje hepático como tratamiento desintoxicante posterior a la antibioticoterapia. Otro tipo de prescripciones dietéticas y naturales tienen que ser personalizadas.

Existen pocas evidencias en la bibliografía profesional sobre los tratamientos naturales de la infección con Helicobacter pylori. Estamos buscando todavía algunos que sean realmente eficaces y tengan resultados de larga duración. Existe un estudio prometedor procedente de Japón acerca del uso de aceites esenciales naturales de ciertas plantas y una combinación de las algas. Esta parece ser una alternativa interesante para el tratamiento del Helicobacter pylori. En mi clínica estamos al tanto de las últimas investigaciones en este sentido y de sus resultados.

En el vademécum herbal de Europa central existen recomendaciones del tratamiento de esta infección con fuertes aguardientes hechos con siempreviva, hipérico, caléndula, aloe, miel... Hay que beberlos en pequeñas dosis en ayunas, y eso, como es fácilmente comprensible, tiene una aplicación muy limitada, excepto si estás de vacaciones, para que puedas empezar todas las mañanas con un chupito muy cargado.

3. *Gastritis erosiva o simple.* Su tratamiento es más serio, y para poder obtener un resultado bueno y duradero hay que empezar estrictamente con una dieta como la «de los niños», y además, preferiblemente alcalina; y por lo menos seguirla durante una semana. Esto significa comer frecuentemente: cada cuatro o cinco horas, y por tanto hacer de cinco a seis comidas diarias; ingerir pequeñas raciones, todo en cremas, puré, sopas, batidos, papillas, zumos, líquido o triturado; cocinado al vapor, hervido

o al horno; evitar los picantes y los productos con mucha grasa y las salsas, prescindir de las verduras de color rojo y limitar las frutas a dos piezas al día. Hay que comer las carnes y los pescados en forma de albóndigas o cocidos, mucha verdura de color verde (que es alcalina), hervida, triturada, no cruda (salvo batidos), limitar las pastas, el trigo y los cereales (excepto las papillas para adultos y la avena). Al cabo de una semana se pueden añadir otras texturas y sabores, siempre evitando los productos fuertes, picantes y procesados.

En medicina natural se aprecia mucho la *patata* y su efecto alcalino, calmante y cicatrizante; cuando se padece una gastritis aguda es un buen alimento tanto en forma de puré como cocida o asada. Un remedio antiguo y muy eficaz es el *zumo de patata recién exprimido*: hay que beber 150 mililitros en ayunas (se recomienda usar patata ecológica o preguntar por el zumo preparado en los herbolarios).

Puedo confirmar, por mi propia experiencia, que todo esto es muy efectivo. En mis años de bachillerato desarrollé una gastritis con un componente espástico, típico para una adolescente en tiempos de exámenes. Me traté con zumo de patata y dieta. Obviamente, a aquella edad eso no me gustaba nada, pero no era tan desagradable su gusto y es verdad que, al tomarlo en ayunas, me ayudaba cada día más. Mi padre se preocupó cada mañana durante un mes de rallar dos patatas ecológicas y exprimirlas enseguida con el uso de una gasa limpia; había que beberlo rápidamente, porque este zumo se sedimentaba rápido y se oscurecía por su alta carga de almidón. Es verdad que suponía para mí un gran esfuerzo, pero me dejó el estómago en perfectas condiciones y unos bonitos recuerdos sobre este pequeño ritual familiar mañanero.

La preparación de una papilla con copos de avena hervidos unos cinco minutos en agua o leche, tomada con el desayuno (típico desayuno inglés con *porridge*), tiene un efecto relajante y calmante, regenera la mucosa estomacal y es un excelente empujón nutricional y energético.

La pulpa de aloe vera extraída de la planta fresca, tomada antes de las comidas principales, es un remedio estrella.

Las infusiones de salvia, tomillo, caléndula, manzanilla o la mezcla de todas ellas, bebidas antes y después de cada comida, alivian mucho las molestias y regeneran las mucosas.

4. *Los espasmos del estómago*, tanto emocionales como inflamatorios, se alivian con la infusión de menta peperina cargada y muy caliente, tomada lentamente en pequeños sorbos. Existen estudios y publicaciones que mencionan los efectos de la menta sobre la disminución de la tensión dentro del espacio estomacal y la relajación muscular del sistema digestivo. En caso de un «nudo» o «dolor» espástico se pueden tomar tres gotas de aceite esencial de menta (natural y adquirido en un lugar especializado), mezcladas con media cucharadita de azúcar; hay que disolverlo lentamente en la boca y respirar hondo. Es importante no tomar el aceite esencial solo, sino con azúcar o miel.

ROSA DE LA TORRE

Investigadora en ciencias del espacio. Departamento de Observación de la Tierra, Instituto Nacional de Técnica Aeroespacial

Quiero agradecer a Irina la gran ayuda prestada en la curación de mis nódulos tiroideos y en la gran mejora de mi salud, que hace que me sienta muy rejuvenecida y plena de energía y optimismo para desarrollarme profesional y personalmente, sobre todo cuidando y viendo crecer a mi hija de cuatro años con alegría. Irina es una gran profesional con mucha sabiduría e intuición, que encuentra la solución al problema donde muchas veces no llega la medicina tradicional.

Capítulo VI

EL INTESTINO DELGADO: UN CAMPO DE FÚTBOL ESCONDIDO EN LAS TRIPAS

Cuando la comida (o mejor dicho, lo que queda de ella) está por despacharse del estómago, su próximo paso será un tubo largo y divinamente enroscado que se llama intestino delgado. En inglés se dice *small intestine,* que significa «intestino pequeño», aunque de pequeño no tiene nada en realidad. Si extendemos esta «manguera» llegaría a unos 8 o 9 metros de largo, con un diámetro medio de 3 centímetros (en tu jardín tendrás algo parecido para regar las plantas; míralo y sorpréndete, porque dentro de tu tripa se aloja todo eso junto a otros muchos órganos).

El intestino delgado es un órgano muy especial, por ser una de las creaciones más complejas y perfectas dentro del cuerpo humano; un «bio-ordenador» instalado en las tripas, que además actualiza sus programas permanentemente desde hace millones de años. El intestino delgado está a cargo de todo nuestro soporte nutricional y energético, la defensa del sistema inmune y el equilibrio emocional.

Para que se produzca una absorción eficaz, la superficie interna del intestino delgado está pensada para que tenga la máxima extensión, por lo que se divide en tres niveles sucesivos:

Primero, la membrana mucosa forma pliegues epiteliales.

Segundo, cada pliegue consta de miles de vellosidades que, a su vez (tercer nivel), se encuentran recubiertas de microvellosidades aún más pequeñas, como se ve en las siguientes figuras 3 y 4.

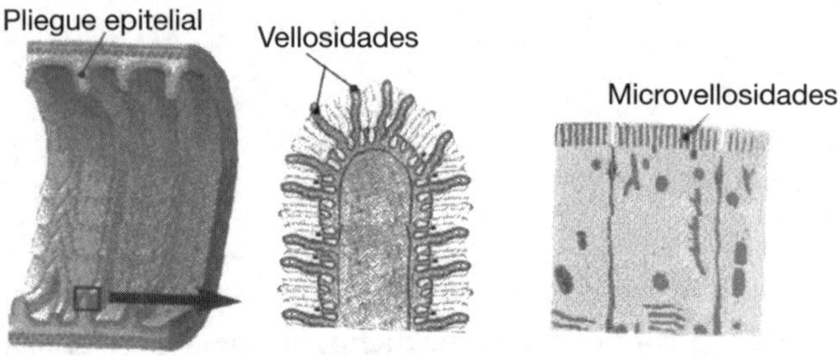

Figura 3

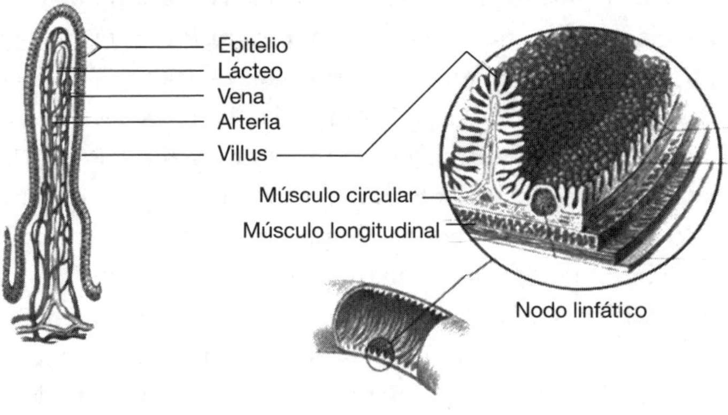

Figura 4

La pared del intestino delgado parece estar recubierta con un tejido de terciopelo, o puede recordarnos también a un cepillo muy denso, y eso le hace ser el órgano más grande del cuerpo humano; si lo extendemos en dos dimensiones abriendo todos los pliegues, vellosidades y microvellosidades que posee, cubriríamos una superficie de 300 m^2... ¡Es un campo de fútbol escondido en las entrañas! Y gracias a esta amplitud, el intestino delgado contacta con todo lo que entra dentro del sistema digestivo.

Todo lo que pasa por este campo mágicamente comprimido procede del exterior y a lo largo de su viaje será procesado, absorbido y transformado en nosotros mismos.

El intestino delgado es también nuestra principal aduana, representada por unas unidades operativas que se llaman «criptas» (figura 4). Cada cripta es totalmente autosostenible y consta de un epitelio celular especializado, tejido conectivo y células inmunocompetentes (son especialistas en defendernos); cada cripta posee una pequeña arteria, una vena, un cablecito del sistema nervioso y los vasos linfáticos.

Los nombres curiosos

El intestino delgado se compone de tres partes consecutivas: *el duodeno, el yeyuno y el íleon.*

El término *duodeno* procede del latín *duodenum digitorum*, porque los antiguos anatomistas decían que medía doce traveses de dedo, es decir, unos 18 centímetros.

El término *yeyuno* deriva del latín *jejunus*, que significa «ayuno». Fue llamado así porque durante las autopsias (el examen anatómico de un cadáver) los médicos medievales siempre encontraban esta porción del intestino «vacía».

La palabra *íleon* procede del griego y su significado es «que se retuerce», llamado así por su recorrido y forma complicada. El íleon es la parte final del intestino delgado, donde se encuentra la mayor parte del tejido linfoideo (placas de Peyer); son acúmulos de células del sistema inmune, el potencial más importante de nuestra defensa contra las infecciones y desarrollo de las enfermedades.

¿De dónde procede tu colesterol?

Dentro del intestino delgado la comida será sometida a un bombardeo por parte de las enzimas del páncreas y del hígado. Hay pocas cosas que no puedan digerir los zumos pancreáticos (las enzimas del páncreas). Estos son muy poderosos y abrasivos y producen un efecto de «trituradora» potente, fraccionando todo lo que encuentran a su paso. La bilis es un jugo hepático y una pieza clave para la digestión; constituye un elixir vital que transforma todas las moléculas grasas, buenas y malas, en partículas solubles y capaces de pasar «la aduana» del lumen intestinal.

La digestión y la absorción de las grasas es un proceso muy complicado y delicado, y normalmente es lo primero que falla, por lo cual empezamos a sentir dificultades al digerir las grasas, nos sube el colesterol o en la ecografía aparece una imagen del hígado graso.

Curiosamente el 70-80 por ciento del colesterol es de producción interna (no procedente de las comidas). Lo producimos nosotros mismos dentro del hígado y lo eliminamos con la bilis, que será expulsada por la vesícula.

Los pacientes me preguntan: «Si no como grasas, llevo una alimentación sana, hago ejercicio y estoy delgado, ¿por qué tengo el colesterol elevado?». Un buen porcentaje de las personas que tienen colesterol alto desde muy jóvenes puede ser debido a cuestiones genéticas o al historial familiar. En ese caso, el tratamiento y el control médico son imprescindibles.

Sin embargo, en la mayoría de los casos, la razón está en una disfunción de los procesos digestivos y metabólicos, por la cual el intestino delgado, junto con el hígado, retiene, reabsorbe y recicla demasiado las grasas, incluido el colesterol. Es un tema muy interesante para hacer estudios y poder diferenciar las causas.

Como hemos dicho, la bilis participa en el proceso digestivo dentro del intestino delgado. Al final, alguna parte (menor) del colesterol y de las sales biliares serían captadas por las células del íleon, reabsorbidas y devueltas al hígado. Es un reciclaje normal, que no afecta a la salud, porque el resto, más «gordo», va al colon y lo eliminamos con las heces.

Cuando las enzimas digestivas y la bilis no entran en el intestino delgado en el tiempo y en las cantidades adecuadas (por problemas del hígado, de la vesícula, del páncreas u otros), la digestión se trastoca, los alimentos no pueden ser fraccionados correctamente para ser absorbidos, y entonces la aportación nutricional para el cuerpo será algo menor. Por ejemplo, si la bilis no llega al intestino delgado, apenas se produce la absorción de los lípidos, lo que puede ocasionar diarreas e hinchazón.

Si los alimentos mal procesados y medio digeridos pasan tal cual al colon, allí los billones de bacterias existentes los empiezan a devorar comenzando con una fiesta inesperada con muchos «fuegos artificiales» y «efectos especiales». La producción de los gases aumenta, uno se hincha como un globo y fácilmente se altera el tránsito intestinal, yendo de un extremo, con episodios de diarrea, al otro, con un cuadro de estreñimiento. Empiezan a predominar los procesos de putrefacción y de la fermentación bacteriana. Es un ejemplo entre muchos de lo que puede ocurrir dentro del intestino delgado.

La «aduana» inteligente

A pesar de toda su importancia funcional y vital, la mucosa del intestino delgado (la que mira desde sus múltiples pliegues hacia el lumen) es super fina; en realidad, tiene el grosor de una célula y la delicadeza de una tela de seda. Eso le proporciona una alta selectividad para el transporte hacia el interior de los nutrientes adecuados, pero también una sensibilidad y una fragilidad determinadas frente a las sustancias químicas, las toxinas y la sobrealimentación. Es como una división especial de las células —soldados sin ningún respaldo, obligados a mantener fuertemente sus filas, aguantando de tres a cinco días, hasta que lleguen los nuevos: el relevo—. La mucosa se reproduce (reviste) totalmente cada cinco días aproximadamente.

Como ya hemos dicho, es un tejido finísimo, pero «bien cosido». Las conexiones entre las células del intestino delgado son muy fuertes. Curiosamente, resulta más fácil dañar y romper la célula misma que la conexión entre ellas. Estos «soldados» están literalmente pegados hombro con hombro y no permiten las brechas, salvo si caen en la batalla. Eso, en primer lugar, nos mantiene enteros, sin perder nuestros fluidos ni esencia vital, sin ir goteando poco a poco por la tubería del túnel digestivo (eso exactamente es lo que pasa en los casos de tener una gastroenteritis aguda y grave).

Para los nutrientes la única vía de acceso a nuestro «terreno» es penetrar (con el permiso conseguido previamente) la membrana de la célula del intestino delgado, navegar por su citoplasma (líquido interno celular), llegar a la otra orilla de la misma membrana y, una vez allí, ser recogido por el flujo sanguíneo. Cada uno de los nutrientes sería acompañado por un «oficial», un control proporcionado por nuestras propias «proteínas-transportadoras». Es decir, no hay puentes, ni caos, todo se transporta por los «barcos» pasando por la aduana y con un riguroso control. De esa manera, recibimos el combustible y la energía.

Si algún alimento o sustancia química, toxinas o bacterias no pasa el control y queda sin visado, enseguida aparece un tío «gordo» (son unas células especiales muy grandes de la defensa inmune) que recoge las huellas (para su base de datos inmunológicos) y elimina al agresor. Desde ese momento, cada molécula parecida a este agresor automáticamente será atacada por el «gordo».

El intestino poroso y sus consecuencias

En aquellas situaciones en que la mucosa del intestino delgado se encuentra seriamente afectada por alguna exposición a las toxinas o a ciertas sustancias químicas, bacterias o virus o por una disminución general de las defensas, tendrá lugar un trastorno que se llama *alta permeabilidad intestinal*.

Aparecen las brechas, los agujeros por la caída y la debilidad de las células y de repente la frontera se abre y todos pueden pasar; «la inmigración» se desborda por falta de control local. Las fracciones grandes de los alimentos penetran en el flujo sanguíneo (como si en lugar de las letras entraran las palabras enteras o troceadas). Eso produce una alerta general, la central inmunológica empieza a producir muchísimas tropas de anticuerpos (las células de la defensa de la sangre) contra todos los agentes que han entrado y a su vez comienza a grabar en sus datos las características de cada «invasor» para poder atacarlos rápidamente en un próximo encuentro. Es una reacción exagerada y errónea, dirigida, como he comentado, contra los alimentos que traspasaron la mucosa del intestino delgado. Y eso provoca un estado de intolerancias alimentarias determinadas; parece como si uno empezara a tener «alergias» a los alimentos.

Es un estado provocado, adquirido en una situación puntual. Las intolerancias alimentarias no son alergias permanentes, sino una sensibilidad transitoria que tiene que ser diagnosticada y tratada. Afortunadamente, hoy día la medicina dedica mucha atención a este trastorno, existen muchos estudios científicos y clínicos sobre la alta permeabilidad intestinal y sus consecuencias para la salud.

En primer lugar, la intolerancia a algunos alimentos significa no poder recibir su aporte nutricional y además genera un «conflicto político» dentro del intestino con la llegada de estos alimentos «temporalmente no deseados». Las consecuencias son una mala digestión, una mala nutrición y una tensión inmunológica que disminuye la defensa general.

Existen muchas publicaciones en Estados Unidos sobre los vínculos patológicos entre la alta permeabilidad intestinal y enfermedades como la psoriasis, la dermatitis atópica, el asma bronquial, las alergias múltiples... Están surgiendo estudios interesantes y prometedores que mencionan conexiones fisiopatológicas entre la alta permeabilidad intestinal y las enfermedades autoinmunes crónicas y degenerativas. Si las brechas dentro del intestino persisten, la alerta del sistema inmune se desborda y aparecen reacciones patológicas autoinmunes, es decir, el cuerpo comienza a producir anticuerpos contra los propios tejidos. Es una nueva apertura para la medicina moderna y una visión integrada que cuenta con todos los factores que provocan «la confusión» inmunológica y «ayudan» a mantenerla.

Ahora en medicina aplicamos tratamientos más complejos; no solamente sintomáticos, sino también dirigidos a la recuperación de la integridad de la mucosa intestinal y la nutrición personalizada.

Si quieres saber si tienes algún tipo de intolerancia alimentaria que te pueda provocar molestias, lo mejor es realizarte un análisis de detección de posibles intolerancias, en donde examinarán la presencia de anticuerpos producidos contra cada uno de los alimentos. Desgraciadamente, es una prueba costosa y complicada, pero es fiable porque te analiza tu propia sangre con tus propios anticuerpos.

Al recibir los resultados, tienes que eliminar de tu dieta por un periodo de seis meses aquellos alimentos a los que se demuestre que tienes algún tipo de intolerancia. Es un tiempo adecuado para borrar la memoria inmunológica, eliminar los anticuerpos no deseados y regenerar la mucosa del intestino delgado. Te recomiendo realizar todo esto bajo la supervisión de un profesional.

Si no puedes permitirte el análisis, te propongo comenzar con una observación detallada y el seguimiento en un diario en donde tienes que apuntar todos los alimentos de los que sospeches que te provocan algún tipo de molestia; cuando ya tengas a «los sospechosos», elimínalos totalmente de tu dieta por un periodo de diez días, y después reintrodúcelos nuevamente uno por uno y observa la reacción de tu sistema digestivo o la dinámica de tu enfermedad principal. De nuevo te recomiendo, para tu propia seguridad, estar asesorado y acompañado en este proceso por un médico profesional en el tema.

Doctor
JOSÉ HERNÁNDEZ MARAVER

Director del Centro Médico Antiaging y
Centro Clínico Diagnóstico de Madrid

De las tres «membranas de la vida» con las que el ser humano interacciona con su entorno, la piel, el aparato respiratorio y el aparato digestivo, sin duda, es esta última la más compleja y fascinante tanto por su extensión como por sus numerosas funciones. No olvidemos que actúa como un «segundo cerebro» dada su gran riqueza en las células nerviosas capaces de secretar neurotransmisores, siendo además nuestro primer sistema inmunitario por su tamaño.

El libro de la doctora Irina Matveikova arrojará más luz sobre este auténtico «ecosistema intestinal» y, con toda seguridad, será de gran utilidad tanto para los profesionales como para el público en general. ¡Enhorabuena!

Capítulo VII

COLON Y TOXEMIA

Transcurridas unas ocho horas después de haber comido, los restos de los alimentos abandonan el intestino delgado y por la puerta que se llama la válvula ileocecal entran en el colon (el intestino grueso).

Nuestro chuletón y otras comidas ya han pasado por un riguroso control y han sido manipulados por nuestras enzimas hasta que todo aquello necesario y nutritivo ha sido absorbido y clasificado. Los restos de menor importancia serán trasladados al colon. Solo les queda por recorrer el último tramo para después ser «liberados» y expulsados en su forma final.

Lo que sucede en el interior del colon no tiene nada que ver con la exclusividad, limpieza y perfección ambiental del intestino delgado. Se trata de otro universo superpoblado por billones de bacterias (y con bastante frecuencia se pueden encontrar allí hongos, levaduras, lombrices y otros parásitos). Es un hervidero caótico y poco seguro. Cada microorganismo lucha por la supervivencia de su cepa, su espacio y su «comida»; es una rivalidad y una «guerra» permanente. Para que os hagáis una idea, es como mudarse, a la fuerza, del barrio de Salamanca de Madrid a una favela brasileña.

Los restos alimenticios todavía tienen algo de valor, como agua, fibras, vitaminas del grupo B, precursores de la vitamina K... Al entrar en el colon serán atacados por todos sus «habitantes». Algunos fermentarán los azúcares acompañando a este proceso con una abundante producción de «burbujas». Otros, los buenos, se harán cargo de las fibras para así poder nutrir a nuestras células; los terceros se darán un festín con todos los restos proteicos que encuentren produciendo gases tóxicos...

El destino final del chuletón o de cualquier otra comida dependerá del «partido» que lidere a esta multitud, esta biomasa hambrienta; cuál de los grupos de bacterias prevalecerá con su armada y con su fuerza. Esta «sociedad» extendida y multinacional de bacterias que ocupa nuestro colon tiene poco que ver con un estado de orden y con una justicia social; es inestable, siempre expuesta a los cambios e influencias.

Esto me recuerda a Gulliver en Liliput: somos seres enormes que alojamos en nuestro interior a un universo de liliputienses muy inteligentes; podemos colaborar y vivir en paz con ellos o podemos molestarnos mutuamente. ¡Y los pequeños en muchas ocasiones nos ganarán!

Aproximadamente el 50 por ciento del peso de las heces está constituido por las bacterias y los subproductos de su propia actividad. La próxima vez que observes tus heces, piensa que la mitad de eso no tiene nada que ver contigo ni con tu chuletón: se trata de una masa viva llena de bacterias; son tus convivientes pacíficos o los invasores, dependiendo de cómo se encuentre tu ecología intestinal.

El intestino grueso comienza a partir de un «saco» ancho, denominado *ciego*, de donde emerge el apéndice, y termina en el recto. Un colon sano mide entre 1,6 y 2,5 metros de largo y llega a tener un diámetro de 6 hasta 12 centímetros. Desde el ciego hasta el recto describe una serie de curvas, formando un marco, en cuyo centro se encuentran las asas del intestino delgado.

La segunda porción del colon se denomina el *colon ascendente*, un tramo «trabajador» que tiene que promover su contenido con mayor esfuerzo muscular, empujando todo hacia arriba en contra de la gravedad, y al chocar con la cara interna del hígado, realiza un giro y se transforma en el denominado *colon transverso*, el único órgano que atraviesa el cuerpo humano en una dirección perpendicular de derecha a izquierda, cruzándose por delante del estómago.

Al llegar al extremo lateral izquierdo, a la altura del bazo, el colon realiza una flexión muy complicada y estrecha, y se dirige hacia abajo, llamándose entonces *colon descendente*, que en su parte final se diferencia en una porción llamada el *colon sigmoideo*, pues tiene una forma de «S» gorda; luego llegamos al recto y finalmente al ano.

La capa muscular circular del colon es mucho más gruesa y más potente que su contrapartida en el intestino delgado. La superficie interna del colon se lubrica a sí misma en mayor proporción por medio de una secreción de mucus; de este modo, la capa resultante de mucus puede lubricar el paso de los bloques de materia fecal.

En el intestino grueso no hay vellosidades ni pliegues, y sus glándulas no secretan enzimas digestivas. La cara interna del colon está formada por unas bolsas bulbosas que se denominan *haustras*. Es una palabra que viene del latín *claudere*, de donde procede también la palabra *claustro*.

Desde su interior, estas formaciones anatómicas (las *haustras*) son muy parecidas a los claustros semicerrados; acogen a los residuos y poseen la capacidad de distenderse y depositar en su interior una mayor cantidad de materia fecal. A su vez esta estructura, parecida a un «chorizo» (cuando se la observa desde su exterior), favorece una buena función muscular intestinal generando cada veinticinco minutos unas olas de movimientos suaves.

No es una bolsa de basura

El intestino grueso no es una bolsa de basura, sino un órgano que realiza algunas funciones importantes, como las siguientes:

- La secreción de mucina que lubrica las heces y facilita su paso por el recto y el ano.
- La digestión. Las bacterias del intestino grueso actúan sobre los residuos alimenticios y las fibras y con eso nutren a nuestras células intestinales.
- La absorción de agua, parte de la glucosa y del cloruro sódico. También de los medicamentos administrados en forma de supositorios. En el ciego y en el colon ascendente las materias fecales son casi líquidas y es allí donde se reabsorbe la mayor cantidad de agua y algunas sustancias químicas disueltas.
- La excreción de calcio, hierro y de medicamentos.
- La formación de una ecología sana a través de la microflora intestinal que nos provee de la defensa inmunitaria.

Todo esto representa lo bueno que puede hacer por nosotros nuestro intestino grueso. Pero también, siendo un recipiente de residuos y un universo para billones de bacterias, el colon puede transformarse en una bomba de relojería que puede explotar con un cuadro de alta toxicidad o desembocar en una enfermedad cancerosa.

El intestino grueso, al igual que el intestino delgado, tiene muy pocos receptores para el dolor, salvo a nivel del recto y del ano. Las vías que pueden informar al sistema nervioso central con respecto el daño y al dolor a que pueda estar expuesto son escasas. Es como si nuestro intestino fuera mudo (o casi), no puede gritarnos sobre lo mal que lo pueda estar pasando. Por eso al cáncer de colon lo llaman enfermedad silenciosa, ya que su crecimiento no avisa con un dolor hasta que se extiende lo suficiente como para obturar la luz intestinal o comenzar a sangrar. En muchos casos el diagnóstico de cáncer de colon se realiza en una fase avanzada y ya tardía.

No obstante, el recto y el ano presentan una sensibilidad importante y una altísima capacidad de producir sensaciones dolorosas, pudiendo llegar a ser infernales. Esto es debido a que se encuentran envueltos con una abundante red de receptores del sistema nervioso. Esta red puede generarnos desde placer al realizar una defecación sana, hasta un dolor muy intenso por la presencia de una fisura anal o hemorroides inflamadas. Ambas sensaciones son de alta intensidad.

El canal anal mide 5 centímetros de largo. Existen dos esfínteres anales, el interno y el externo. El interno se encuentra normalmente contraído para prevenir cualquier pérdida de materia fecal por el ano. El esfínter anal externo tiene un alto grado de control por parte del sistema nervioso voluntario.

La zona del recto y del ano está regada por una red circulatoria con dos extensos plexos venosos, y el sistema de drenaje de esta zona carece de válvulas, por lo que un aumento de la tensión y la presión sobre toda esta zona provoca que las venas se llenen con sangre, se dilaten y se abulten dando lugar a la formación de hemorroides internas y/o externas.

El recorrido de tu intestino puede ser complicado

En la realidad, la forma y el recorrido del colon pueden variar mucho de los dibujos anatómicos clásicos. Múltiples factores pueden influir en la forma y la posición del colon. Como ejemplo os presento dibujos que reflejan distintos recorridos del intestino grueso desde la normalidad (figura 5) hasta un colon alargado y tortuoso (figuras 6 y 7), y por último un colon espástico (figura 8).

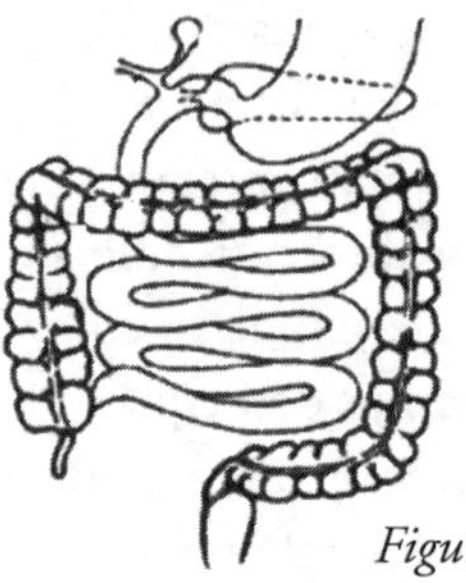

Figura 5

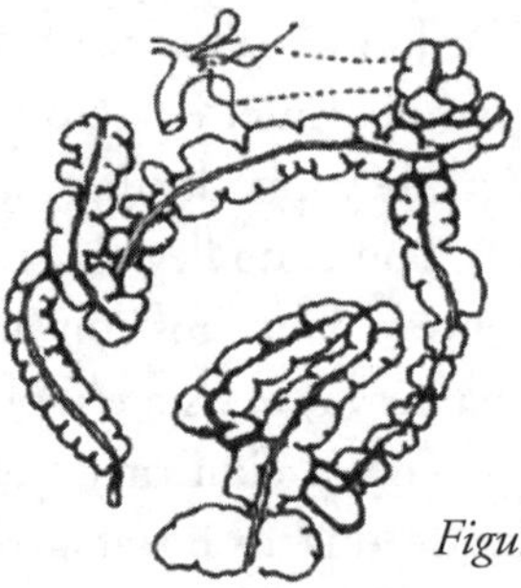

Figura 6

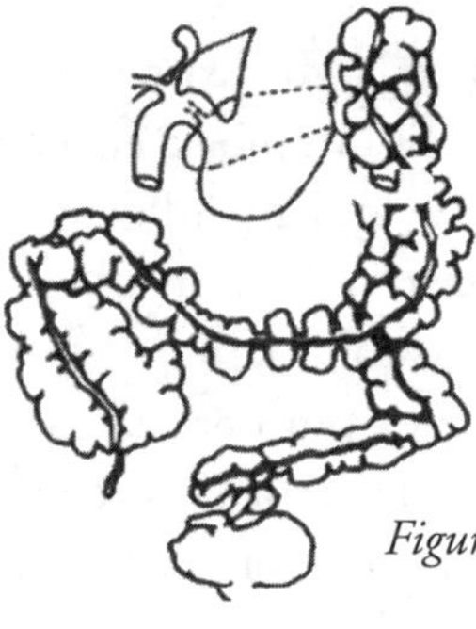

Figura 7

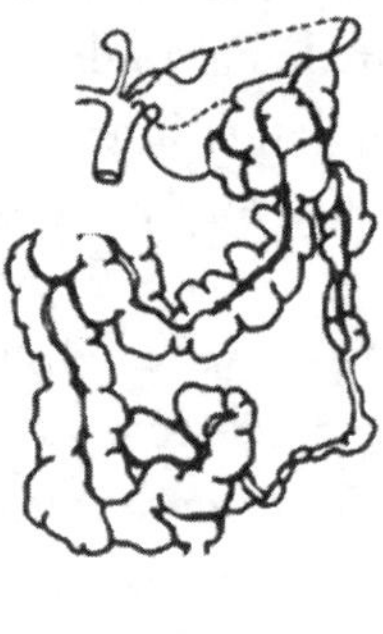

Figura 8

El colon es un órgano elástico que se acomoda y se adapta a las circunstancias, puede alargarse, hincharse y llega a mover sus pliegues hacia los lugares más insólitos dentro de un espacio abdominal muy limitado.

El tubo del intestino grueso puede llegar a presentar enorme cantidad de vueltas, como si se tratase de un camino de cabras en las montañas asturianas; también puede presentar formas rizadas y nudosas. Al encontrarse supercargado y en un lugar no adecuado puede provocar distintos tipos de síntomas, falsos o no.

Frecuentemente un megacolon (una dilatación excesiva y permanente de colon con funcionamiento muscular inadecuado y casi inexistente, un colon alargado y tortuoso) es una anomalía anatómica que se arrastra desde el nacimiento, se forma por algún fallo genético y/o embrionario y suelen existir antecedentes familiares de esta enfermedad.

> Estoy tratando a una familia. La madre es una señora ya mayor. Ella y sus tres hijas presentan un cuadro de megacolon enorme, enroscado como una gran serpiente pitón; las placas radiográficas muestran una gran similitud de su megacolon entre todas ellas. Sin embargo, la gravedad de sus molestias digestivas y generales varía entre estas mujeres. Una de las hijas, que cuida mucho su alimentación, practica deporte y realiza purgas y limpiezas periódicas, goza de buena salud y viene a mi clínica solo para un «mantenimiento»; la madre y la hija mayor, ambas con sobrepeso, vida sedentaria y una alimentación menos cuidada, presentan quejas compatibles con fatiga crónica, artrosis, estreñimiento y depresión. La última mujer sufre de un serio dolor lumbar, con episodios de menstruaciones abundantes y muy dolorosas, y ya sabe que ambas molestias empeoran si descuida su «monstruoso» colon.

Puede haber cierta predisposición: las cargas genéticas familiares o una mayor propensión a desarrollar algún tipo de malestar. Pero eso no significa en absoluto que lleguemos a sufrirlo; va a depender mucho de nuestro tipo de alimentación y de cómo nos cuidemos.

Tengo muchas radiografías de mis pacientes con extravagantes tipos de formas intestinales. A veces toda la imagen abdominal corresponde solo al colon; todo el espacio de la tripa está ocupado por una enorme manguera inflada. En otras ocasiones, los espasmos y las contracturas transmiten imágenes semejantes a un reloj de arena o a un cordel. Creo que sería curioso exponerlas un día en una galería, para que la gente pueda concienciarse sobre el poder y el tamaño de sus contenidos abdominales.

En los casos de sobrepeso y de obesidad, los pliegues del intestino compiten con el tejido graso y no siempre ganan. La tripa llena de grasa comprime el espacio y limita la actividad muscular digestiva. Esto favorece la retención de los residuos y aumenta la toxicidad.

La gente con obesidad abdominal (aquellos con grandes barrigas) tiene mayor predisposición a desarrollar cáncer de colon, padecer cansancio, fatiga crónica y algún tipo de enfermedad degenerativa.

Pólipos intestinales

La colonoscopia es un estudio del colon de gran importancia. Normalmente nos da información relativa a la longitud y al diámetro del colon, si hay presencia o no de pólipos y/o divertículos o problemas aún más graves. El mismo estudio endoscópico permite quitar los pólipos y recoger muestras para realizar exámenes más detallados (microscópicos).

En la actualidad se realizan las colonoscopias a todas aquellas personas que presentan antecedentes familiares de cáncer de colon o a aquellas con problemas intestinales o con una edad superior a los cincuenta años. Es un paso muy importante de la medicina moderna hacia la prevención del cáncer de colon.

Otro estudio fantástico del colon y muy novedoso es una colonoscopia virtual, que nos enseña en tres dimensiones todo el recorrido y el carácter del colon. Hace solo veinte años los médicos ni siquiera soñábamos con este tipo de tecnologías.

Un *pólipo* es una tumoración o protuberancia visible que se proyecta en la superficie de la mucosa del colon y sobresale a la luz intestinal. El pólipo, según sus características microscópicas, puede llegar a constituir una lesión previa a un cáncer, como se observa en la siguiente figura.

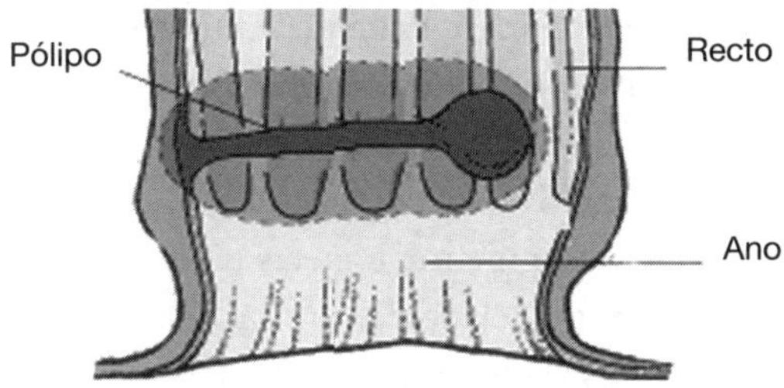

Figura 9

Estas tumoraciones aparecen con mayor frecuencia en los intestinos estreñidos, con un medioambiente muy agresivo, una microflora intestinal desequilibrada o situaciones de irritación e inflamación crónica. La presencia de antecedentes genéticos también es importante.

Una vez diagnosticado y extirpado, puede evitarse que vuelva a surgir si el paciente se plantea seriamente realizar cambios en su alimentación y, a través de ella, en su ecología intestinal.

Conozco personas a las que anualmente les realizan colonoscopias y cada año les quitan nuevos pólipos que les han crecido como hongos en sus entrañas. De por sí es peligroso y ya es un aviso del cuerpo de que está pasando algo serio y poco controlable dentro de las células intestinales...

En primer lugar, hay que cuidar del tránsito intestinal, cuánto tiempo les lleva a los restos y los residuos alimentarios pasar por todo el colon y ser expulsados. Cuanto más lento sea el tránsito, más tóxicas serán las heces y peor se pondrá la microflora intestinal. El contenido de los residuos también es importante: ¿conllevan mucha fibra y restos vegetales o solo proteínas y restos de comidas muy procesadas? Un tránsito que lleve unas veinticuatro o treinta y seis horas todavía no se considera muy preocupante; si la salida de los restos de los alimentos lleva un tiempo mayor (de cincuenta y cuatro a setenta y dos horas o más), es una indicación de un proceso activo de putrefacción, que puede llevar a la toxemia.

Un modo orientativo de conocer el tiempo de tu tránsito intestinal puede ser el siguiente: ingieres unas tres o cuatro cápsulas de carbón vegetal (alejado de la toma de cualquier otra medicación) o un alimento que cambie notablemente el color de las heces, como por ejemplo la tinta de los chipirones (se debe consumir una buena cantidad). Recuerda la hora en que los has tomado y controla en qué momento tus deposiciones presentan un color negro intenso (en el caso que hayas ingerido el carbón), entonces calcula las horas totales del «viaje». Hay que poder hacerlo acompañando situaciones normales de tu vida y evitar la toma de laxantes durante estas horas. Repito, es un dato orientativo para poder comenzar a entender el proceso, porque tu tránsito intestinal varía según la cantidad de agua que bebas, la actividad física que realices y la actividad hormonal de tu organismo, la calidad de las comidas y también depende de tus emociones. Por otro lado, las heces voluminosas viajan más rápido, ya que su volumen permite a la musculatura intestinal trabajar adecuadamente. Las heces ligeras y carentes de fibra resultan difíciles de transportar. Además, cuanto más tardan las heces en desplazarse, más agua absorben y más duras y compactas se vuelven, haciendo que el proceso de eliminación sea más dificultoso.

Una inadecuada función intestinal es la causante de la llamada *toxemia intestinal.* Cuando el trayecto intestinal se convierte en el recipiente de una dieta inadecuada o cuando el colon deja de evacuar en las horas que corresponde, o después de haber recibido un tratamiento con antibióticos, o estar bajo la influencia de distintos fármacos, la quimio o la radioterapia, las bacterias dañinas reemplazan a la flora intestinal normal y provocan así una inevitable toxemia. Está comprobado que la intoxicación tiene lugar cuando el cuerpo absorbe demasiados residuos tóxicos propios. Esta es la causa principal de muchos trastornos y enfermedades de hoy en día.

Actividades cerebrales y salud intestinal

Ya hemos hablado en los capítulos anteriores de la influencia del estado de la salud intestinal en el equilibrio psicoemocional.

Recordemos que la diarrea, el estreñimiento, los cuadros de hinchazón, un dolor anal y los cólicos intestinales repercuten, sin lugar a dudas, en la conducta psicológica, la capacidad intelectual y el ánimo. Estos malestares, cuando se mantienen en el tiempo, casi pueden determinar el carácter y la conducta de la persona que los padece.

Para profundizar un poco más en este tema os quiero comentar que la biología del intestino afecta a la actividad mental y a las funciones cerebrales más importantes.

Autismo y déficit de atención

Los trastornos en el comportamiento —como el autismo (se trata de un trastorno mental del desarrollo que afecta a la capacidad del individuo para comunicarse, relacionarse, interactuar con su entorno), trastornos del déficit de atención (con o sin hiperactividad) y otros estados deficientes que no llegan a un diagnóstico determinado—, así como las dificultades en la interacción social, trastornos en la comunicación y un repertorio marcadamente restrictivo de las actividades y los intereses, en su mayoría son manifestaciones de problemas fisiológicos en el interior de nuestro cuerpo.

No hay duda de que los trastornos en el comportamiento engloban varias entidades nosológicas (múltiples formas de la expresión conductual) que probablemente sean consecuencia de distintas etiologías (razones y orígenes) en su aparición. Muchos estudios clínicos y teorías neurológicas y genéticas aportan datos de gran valor sobre este tema.

Algunos investigadores están tratando de buscar explicaciones y soluciones a trastornos como el autismo y los cuadros de déficit de atención (con o sin hiperactividad) porque su incidencia se ha ido incrementando en el tiempo a un ritmo exponencial, situándose en la actualidad, en el primer mundo, en una tasa de 1 autista por cada 166 niños (el autismo hace cincuenta años tenía una incidencia inferior al 1 por 1000), siendo incluso superior en ciertas zonas en Estados Unidos, en las que se habla de tasas de 1 por cada 82 niños.

Por no hablar del TDA (trastorno por déficit de atención, con o sin hiperactividad), cuyo incremento alcanza niveles epidémicos.

¿De qué manera un trastorno gastrointestinal afecta al cerebro y al comportamiento?

Hoy en día existen hipótesis muy sugerentes:

En los niños (o en la edad adulta) la fragilidad inmune o descenso de las defensas acarrea múltiples infecciones, especialmente las otitis y los catarros de las vías altas respiratorias, y que a su vez son tratadas repetidamente con antibióticos de amplio espectro por vía oral. Esto desequilibra drásticamente la flora intestinal y permite que las levaduras y los hongos, así como las bacterias anaerobias, crezcan sin control en sus intestinos, colonizándolos, debilitándolos y permeabilizándolos, por lo que los alimentos no pueden ser bien digeridos y asimilados. Lógicamente, a pesar de la apariencia normal que puedan tener los niños o los adultos, pueden producirse deficiencias nutritivas importantes.

Estos alimentos mal digeridos pasan la barrera porosa intestinal y, una vez en el torrente sanguíneo, generan varias alteraciones inmunitarias: sobrecarga del sistema inmune, supresión de algunas funciones inmunológicas y formación «errónea» de anticuerpos que atacan a los propios órganos y tejidos del cuerpo. Los hongos que han proliferado e infiltrado el intestino dañado segregan, a su vez, toxinas, que confunden aún más nuestras defensas, lo que va cerrando cada vez más el círculo vicioso.

Hablamos de la toxemia intestinal y la autointoxicación corporal y cerebral provocada por ella.

Ciertos péptidos no digeridos, que han pasado a la sangre a través del intestino permeabilizado, pueden acoplarse a los receptores opiáceos del cerebro (son las células del cerebro sensibles y afines a las moléculas endógenas, es decir, fabricadas por nosotros mismos, que se llaman endorfinas y encefalinas. Estas moléculas poseen propiedades parecidas al opio o a la morfina, y al encontrarse con los receptores opiáceos, afectan al trabajo de neuronas cerebrales) e inducir comportamientos como aislamiento, conductas estereotipadas, cambios radicales de humor, insensibilidad al dolor y otras alteraciones sensoriales del tacto, vista, oído, olfato-gusto...

Muchos científicos insisten en que el papel del intestino, su alta permeabilidad y los cuadros de toxemia puede ser fundamentales en el desarrollo de los trastornos de deficiencia de atención u otras conductas. Existen muchos casos clínicos de mejoría de los comportamientos en los niños cuando se realiza una corrección de su microflora intestinal y de sus funciones digestivas. No es una cura ni una solución absoluta, pero es un factor importante que ayuda a mejorar y controlar el estado mental.

En general, los niños autistas o aquellos miles de niños con hiperactividad y TDA diagnosticados presentan desde el nacimiento un sistema gastrointestinal inmaduro y débil, que frecuentemente se explica por los fallos de su desarrollo embrionario. ¡Más del 90 por ciento de estos niños presentan problemas intestinales!

En primer lugar hay que pensar en la *disbiosis intestinal*, un desequilibrio entre las cepas de las bacterias dentro del colon con un sobrecrecimiento, especialmente de un hongo llamado *Cándida albicans*, otros hongos, levaduras y parásitos. El sistema inmunitario de la mayoría de estos niños tiene poca sensibilidad para reaccionar contra los hongos, en especial contra las cándidas, por lo que las alteraciones generalizadas pueden crecer de manera muy exagerada. La alimentación clásica de los niños que habitualmente está compuesta, en su mayor parte, por productos del trigo, la leche, los azúcares y zumos, desgraciadamente puede producir mayor perjuicio en el intestino de los pequeños. En estos casos son imprescindibles el tratamiento nutricional y una dieta personalizada, realizada bajo supervisión profesional.

Recuerdo a una niña de once años. Se trataba de una paciente que presentaba estreñimiento desde su nacimiento, tratada desde siempre con laxantes y nutrida con muchas fibras: productos integrales, muchos cereales, leche y fruta. A los tres años le diagnostican una dermatitis atópica. La pequeña presentaba también problemas respiratorios recurrentes con frecuentes tratamientos antibióticos y antihistamínicos y, como consecuencia de todo esto, a los siete años le diagnostican asma bronquial; por lo tanto, le añadieron un tratamiento con un inhalador y dosis bajas de corticoides. Al cumplir once años recibe otro «sello»: trastornos de la atención con hiperactividad y la medican adecuadamente. Este es un buen ejemplo de dicho «círculo vicioso». Los médicos tienen que actuar y mejorar los síntomas y la salud de esta criatura, y lo hacen de una forma radical, aliviando sus problemas con eficacia a través de los medicamentos. Sus padres, asustados por la cascada de problemas, siguen todas las recomendaciones y tienen su razón. La niña ya sabe que ella es diferente, se encierra en su mundo, se acostumbra a visitar a los médicos a menudo y a tomar un puñado de medicinas.

Esta situación no es nada sencilla. ¿Por dónde empezar? Yo empezaría por lo simple y obvio y, a partir de ahí, iría hacia lo complicado. Por el momento, hay que respetar todas las medicaciones sin tomar ninguna decisión brusca. Estamos hablando de niños pequeños y ya acostumbrados a sufrir. Empezar por una higiene intestinal, que significa cambiar radicalmente la alimentación, implementar nuevos hábitos, desparasitar, organizar una toma correcta y prolongada de los suplementos nutritivos para el intestino y el cerebro. Y en unos meses, con la mejoría de las funciones digestivas y un aporte nutricional adecuado, lo más probable es que la dosis o la necesidad de su polimedicación sea revisada por los médicos.

Ya existen análisis clínicos muy accesibles que ayudan a determinar si el paciente tiene el intestino permeable y si hay presencia o no de la cándida sobrecrecida. También se puede valorar la disbiosis y determinar las cepas predominantes en el colon en ese momento. Una vez confirmada la porosidad intestinal, supone una dieta o mejor un estudio de las intolerancias alimentarias.

Aun cuando no sepamos todavía las causas remotas de los distintos autismos y trastornos de atención y del comportamiento, podemos hacer mucho por estos niños y por los adultos también, evitando que entren en estos círculos viciosos; hay que trabajar a fondo para ayudarles.

La experiencia de cientos de niños demuestra que, al romper estos círculos viciosos, la manifestación de los trastornos del comportamiento y la calidad de vida puede mejorar notablemente.

La autointoxicación es un resultado de la toxemia intestinal

Tanto científicos como investigadores están convencidos de que los productos putrefactos finales irritan las terminaciones nerviosas de la pared intestinal. Debido a esta irritación, los impulsos nerviosos anómalos bombardean los segmentos asociados de la médula espinal. Cuando esto ocurre, los órganos u otras zonas del cuerpo que están asociadas con dichos segmentos de la médula espinal se resienten negativamente.

Las toxinas producidas en el colon son absorbidas por el flujo sanguíneo que las lleva al hígado y que, a su vez, es el encargado de filtrar y desactivarlas. Como este no es un trabajo fácil ni tampoco justo por la enorme cantidad de carga tóxica que solemos tener, el hígado solo puede de un modo temporal frenar el paso de las toxinas al sistema circulatorio general y depositarlas en el propio tejido hepático o en el tejido graso del cuerpo.

Como sabéis, muchas cosas y decisiones provisionales se llegan a transformar en las más constantes y son a las que uno nunca le llega a dedicar su tiempo. Lo mismo sucede con las toxicidades: una vez depositadas comienzan a realizar su labor tóxica destructiva, esperando a que algún día su portador empiece a pensar en llevar una vida mejor.

También las toxinas pueden escaparse del proceso de desintoxicación del hígado debido a una insuficiencia patológica o funcional del mismo.

Otro camino «ilegal» es a través de la porosidad intestinal, que puede aparecer en la mucosa del colon (ya hemos hablado sobre la alta permeabilidad intestinal en relación con el intestino delgado). Existen toxinas que tienen estructuras químicas desconocidas para el hígado; además, hay muchas toxinas que adquieren fórmulas parecidas a sustancias humanas normales, como por ejemplo las hormonas.

Entre los subproductos químicos tóxicos que se encuentran en el colon y las heces podemos mencionar el índol, el escatol, el sulfuro de hidrógeno, los ácidos grasos, el gas metano, el dióxido de carbono... Algunas de estas sustancias son muy tóxicas y olorosas. De ahí el olor tan característico y desagradable de las heces.

Sabemos que el amoniaco es una de las sustancias generadas en el intestino por la acción de las bacterias proteolíticas (que fraccionan y consumen los restos proteicos). Una de las funciones del hígado es la de convertir dicho amoniaco en urea para que los riñones puedan excretarla. Cuando el hígado no funciona correctamente, la circulación sanguínea presentará niveles anormales de amoniaco. Como resultado, se incrementan sus niveles en el líquido cerebroespinal, que puede causar importantes estragos neurológicos con sus consecuencias en las manifestaciones psicológicas.

Existe otra sustancia muy tóxica denominada enterotoxina *Clostridium perfringens* que se encuentra entre los residuos de putrefacción característicos de un intestino afectado por el estreñimiento. El clostridium es un tipo de bacteria patógena que tiene menor presencia y actividad en el colon sano, pero puede sobrecrecer y dominar en un colon «estancado». La enterotoxina es una toxina específica que afecta a las células del revestimiento intestinal y promueve el desarrollo del cáncer de colon.

Los estudios demuestran que el índol es altamente tóxico y carcinogénico (provoca el cáncer).

Cuando comprobamos un alto nivel de fenol (ácido carbólico), que es un metabolito del aminoácido tirosina, y del índol, podemos señalar de forma certera la existencia de una posible putrefacción intestinal. El fenol es tan extremadamente venenoso que se utiliza como detergente. Es tanto un corrosivo local como un veneno sistémico que puede llegar a dañar el epitelio intestinal, además de las células del hígado y de los riñones.

El escatol es otro producto tóxico alterno de la acción bacteriana del triptófano. Causa alteraciones en el sistema nervioso central provocando la presencia de síntomas de depresión. También podemos hallarlo concentrado en grandes cantidades en el intestino tras una ingesta proteica elevada acompañada por el estreñimiento. Cuando existe demasiado escatol en el flujo sanguíneo, tenemos mal aliento. El escatol y el índol son parcialmente responsables del olor característico de las heces fecales.

El sulfuro de hidrógeno es otro derivado de la descomposición fecal por las bacterias «malas». En términos comparativos, resulta tan tóxico como el cianuro. No sorprende, pues, que dicho gas tóxico irrite el epitelio intestinal. La irritación provocada por el sulfuro de hidrógeno puede desarrollar una congestión y una inflamación profundas.

El mercaptán huele igual que cuando hay un escape de gas en casa. Los distribuidores de gas natural añaden una pequeña cantidad de mercaptán para que se pueda detectar un escape, ya que el gas natural es inodoro e incoloro. El mercaptán y otros gases con olor desagradable se crean en el intestino putrefacto, y su escape incontrolado y audible es el que suele ser motivo de vergüenza.

La tiramina es un producto putrefacto de la tirosina. Esta se encarga de liberar la hormona norepinefrina del cuerpo. La norepinefrina provoca que los vasos sanguíneos disminuyan en su volumen y esto puede causar el aumento de la presión sanguínea.

Como podemos ver, el papel de los microorganismos en el intestino grueso es muy importante para la salud. Un equilibrio de la microflora intestinal y la motilidad muscular regular son claves para el control del desarrollo de muchos procesos patológicos.

La habilidad de la misma bacteria de poder producir un daño o traer un beneficio para la salud demuestra la importancia del equilibrio entre todas las especies bacterianas, su ambiente y su nutrición.

Al constituir los alimentos la principal fuente de toxinas, se puede ver la enorme importancia que hay en adaptar nuestro consumo a nuestras necesidades orgánicas. Porque incluso los alimentos naturales y sanos consumidos en exceso pueden ser una fuente de intoxicación. Mientras nuestros alimentos estén adaptados a nuestra capacidad digestiva, combustiva y eliminatoria, no habrá acumulación indeseable de toxinas, que provoquen a su vez el desarrollo de enfermedades.

Te pido que te tomes un poco de tiempo para analizar esta tabla, que a primera vista parece complicada, pero no lo es. Te enseña cómo el colon tóxico cargado y estreñido puede encabezar muchos desórdenes corporales y desencadenar el desarrollo de enfermedades importantes.

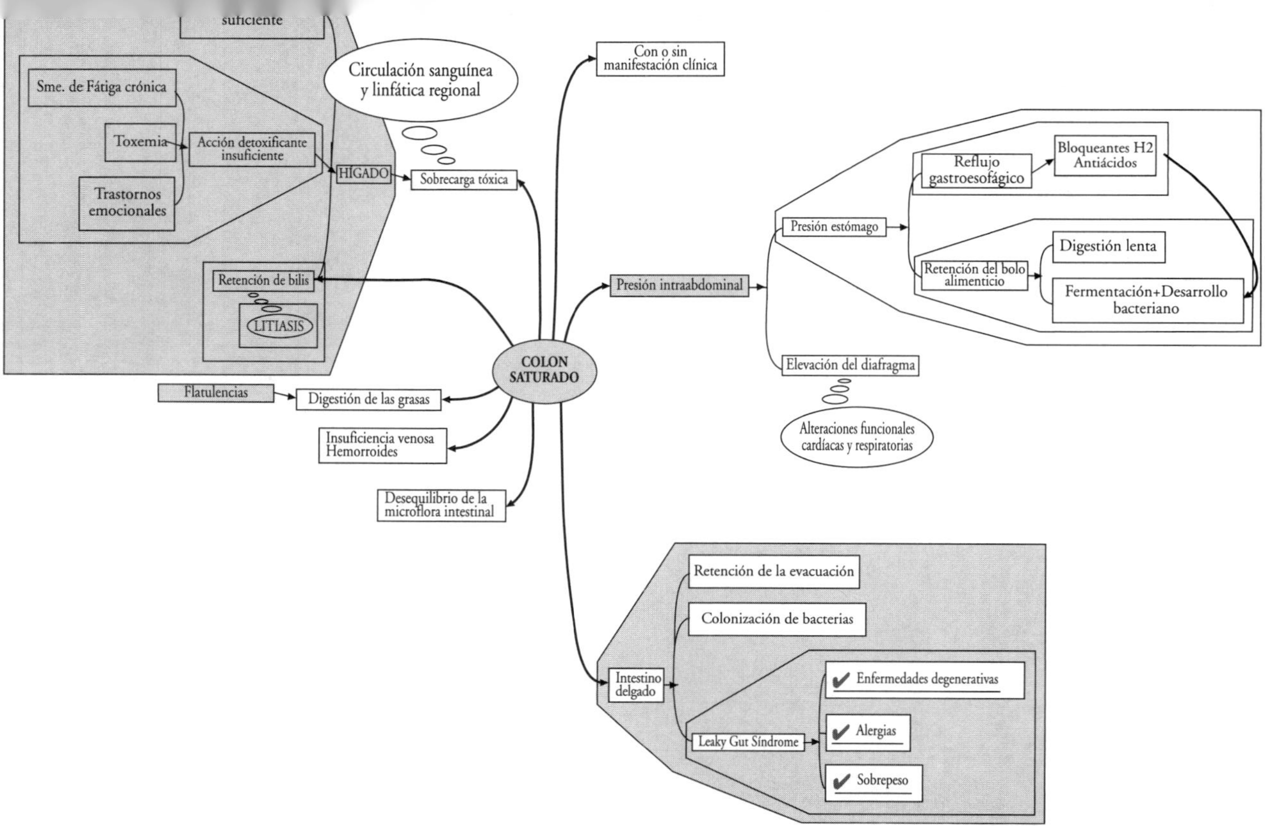
suficiente
Sme. de Fátiga crónica
Toxemia
Trastornos emocionales
Acción detoxificante insuficiente
HÍGADO
Circulación sanguínea y linfática regional
Sobrecarga tóxica
Retención de bilis
LITIASIS
Con o sin manifestación clínica
COLON SATURADO
Flatulencias
Digestión de las grasas
Insuficiencia venosa Hemorroides
Desequilibrio de la microflora intestinal
Presión intraabdominal
Presión estómago
Reflujo gastroesofágico
Bloqueantes H2 Antiácidos
Retención del bolo alimenticio
Digestión lenta
Fermentación+Desarrollo bacteriano
Elevación del diafragma
Alteraciones funcionales cardíacas y respiratorias
Intestino delgado
Retención de la evacuación
Colonización de bacterias
Leaky Gut Síndrome
Enfermedades degenerativas
Alergias
Sobrepeso

Capítulo VIII

EL ESTREÑIMIENTO. UNA SOMBRA SIEMPRE PRESENTE

A veces, nuestro estilo de vida es muy autodestructivo.

Es irónico que, a pesar del desarrollo moderno de la información en relación a los cuidados que debemos tener con nuestro exterior, tanto para mantenernos sanos como «limpios», le dediquemos muy pocos pensamientos valiosos para tomar conciencia respecto a nuestra sanación y limpieza personal interna.

A pesar de todo, casi todos tenemos unos recuerdos de la infancia de los enemas caseros; nuestras abuelas siempre sabían cómo cuidar los intestinos y las digestiones.

Hasta los ocho años, yo pasé casi todos los veranos con mi abuela en un pueblo de unas diez casas, perdido en pleno bosque. Dos veces por semana, nos traían en un carro desde la ciudad pan, sal, cerillas, y esa era toda la comunicación con el mundo. Había radio pero no televisión, todos los productos eran producidos de forma artesanal, frescos, hechos en casa. Mi abuela, al parecer, era curandera y sabía todo sobre las plantas medicinales y los remedios naturales; ella, en lugar de cuentos, me contaba historias sobre los poderes y las virtudes de la naturaleza, a veces recogíamos juntas las flores, los tallos, las raíces y frutos del bosque, haciendo viajes largos por el bosque; su casa siempre olía a hierbas, infusiones, aceites. La cocina, con una enorme chimenea rusa, siempre estaba llena de frascos y tinturas, y en la buhardilla guardaba manojos de las distintas plantas y flores que había secado allí previamente. Mis juguetes preferidos han sido las verduras y las hortalizas del huerto, flores, plantas, trozos de madera y, por supuesto, mis queridos animales domésticos. Yo observaba a la abuela preparando los remedios aromáticos y curativos y después jugaba al médico curandero, intentando ponerle vendajes y compresas a mi gato o tratando de acertar en la nariz del perro con las gotas sanadoras; al cerdo le añadía infusiones en su comida y le aplicaba diferentes barros y tintes, creando dibujos por todo su enorme cuerpo; a la vaca le gustaban las plantas frescas, por lo tanto recibía una variedad de combinaciones medicinales compuestas por plantas; con los gansos no lograba hacer mucha amistad. Eran muy grandes, rápidos, y me picaban el trasero siempre que podían. Tampoco me fiaba mucho de las abejas; sin embargo, las gallinas eran encantadoras y consumían con mucha rapidez todas las mezclas de las raíces y las semillas que les ofrecía.

Yo era una niña frágil y cuando vivía en la ciudad enfermaba frecuentemente. Entonces mis veranos se llenaban con los tratamientos intensivos de mi abuela: recuerdo empezar el día con una pulpa de aloe vera acompañada con un chupito de un extracto amargo. Con solo recordarlo vuelvo a sentir un sabor amargo en la boca, de tantas infusiones interminables que he tomado. Por no hablar de los enemas, que yo consideraba como un «castigo» inevitable. Todavía tengo las imágenes de las compresas, las ventosas, las cremas, las pomadas y las inhalaciones. También había que asistir a un ritual semanal que consistía en una sesión en una sauna llena con vapores aromáticos donde me daban los masajes típicos con las ramas de abedul, previamente calentadas y remojadas en agua... Y la alimentación, por supuesto, era auténtica y sana, enriquecida con quesos frescos, cuajadas, kéfir, los zumos obligatorios (especialmente los de apio, zanahorias y de ¡chucrut!), legumbres variadas, miel y pan casero recién hecho. Lo que peor llevaba era el vaso de leche que había que tomarse justo después de ordeñar la vaca, eso era demasiado natural y «sabroso».

Sé que los primeros años de mi infancia no han sido muy *normales*, pero creo que en muchos de vosotros he provocado algunos recuerdos nostálgicos. Este es un buen momento para empezar a recuperar lo natural y lo auténtico e incorporarlo a nuestras vidas modernas.

Si el baño o lavabo de nuestra casa u oficina está averiado, lo lógico es que no lo utilicemos y llamemos enseguida a un fontanero. Ni se nos ocurre entrar en el baño maloliente con caca flotando y agua estancada. ¿Y si no viene nadie a ayudarte? Tienes que convivir con esta avería, especialmente desagradable, puesto que no puedes tirar de la cadena y eliminar los residuos ya presentes. Imagino tu cara en ese momento, ¡qué asunto más repugnante!

Estoy segura de que en esta situación vas a reaccionar echando un cubo de agua (siempre y cuando con esta maniobra no suba el nivel de este «pantano» estancado), llamando a los servicios de urgencias veinticuatro horas o a algún amigo.

¡Me parece correctísimo!

Pero si intentamos aplicar esta solución a nuestras tripas tal cual, no funciona, no descarga los residuos acumulados.

Entonces hay que intentar estimularlas por arriba o por abajo sin esperar muchos días. ¿Estamos de acuerdo? Lo único que tenemos que aprender es cómo y con qué hacerlo y que cada uno tiene su carácter digestivo y su sensibilidad a los remedios laxativos.

Aproximadamente el 70 por ciento de mis consultas se llenan en la actualidad con las personas que sufren de un estreñimiento crónico. Es un malestar tan común, tan persistente y difícil de tratar, que pienso un día juntar a todos mis pacientes y fundar un *club de los estreñidos* (quizás busque un nombre más atractivo y sofisticado). Así, mi equipo podría trabajar con los grupos ayudando a más personas, aplicando las terapias, buen humor y distintos ejercicios. Sería importante una reeducación de los hábitos higiénicos, de la alimentación, y un apoyo psicológico. Si te parece interesante, apúntate y ayúdame a organizarlo.

El estreñimiento es un problema personal, emocional, social y también económico. Y no solamente por los gastos en laxantes y visitas a los médicos, sino también por las consecuencias graves para la salud que supone el estreñimiento crónico y la toxemia corporal que provoca. Solamente con una buena alimentación y correcta higiene intestinal (me refiero al tránsito y a la microflora) se puede prevenir el cáncer de colon.

El estreñimiento es algo familiar; la mayoría de nosotros lo ha sufrido al menos en alguna ocasión. De hecho, recientes investigaciones han demostrado que una de cada siete personas padece estreñimiento. Además de ser un mal relativamente frecuente, se ha convertido en un tabú social. Muchas veces, me convierto en el único testigo de este malestar, a pesar de que la persona que me lo confiesa puede tener pareja, familia, amigos.

Aprendemos desde la infancia que el «estómago» puede funcionar mal, y si eso sucede, uno se toma un laxante. Todos tenemos el recuerdo de algún familiar estreñido.

Personalidad y estreñimiento

La conexión entre personalidad y estreñimiento resulta interesante. Esta relación se realiza a través de la función del sistema nervioso entérico y del metabolismo de la serotonina, la hormona del bienestar que a su vez estimula la motilidad intestinal.

Se ha observado que los individuos con estreñimiento crónico suelen presentar personalidades muy irritables, ser rígidos en sus ideas y conceptos y de convivencia difícil. Al contrario, las personas con un ritmo intestinal normal suelen ser más abiertas, estar más relajadas, ser de convivencia más fácil y se encuentran más a gusto consigo mismas. Las investigaciones han demostrado que los hombres pueden estar ocultando más de lo que parece este tema, por cierta inseguridad sobre su hábito intestinal. El rendimiento laboral de los hombres se ve afectado el doble que el de las mujeres a causa del estreñimiento y ellos evitan utilizar el aseo del trabajo más que las mujeres. Los hombres pueden bromear sobre estos problemas en público, pero cuando les afecta personalmente, son más propensos a sufrir en silencio.

El intestino estreñido desde el punto vista psicoemocional es una manifestación extrema de una supresión emocional profunda, un miedo terrible, un control insoportable. Además implica una autoestima baja y, en consecuencia, un perfeccionismo exagerado con metas inalcanzables (pero eso no lo sabe nadie, eso está escondido en la tripas). Las emociones, las pasiones, los deseos ocultos están estancados y encajados en los pliegues intestinales sin tener una salida. Las personas afectadas saben poco sobre delegar, relajarse, dejarse llevar, se sienten siempre muy expuestas a los juicios y a las críticas de los otros; tienden a la hipocondría, la melancolía y la depresión, también pueden ser propensas a padecer un ataque de ansiedad fácilmente, a veces comen compulsivamente, llenándose rápido y con ansias.

Cuando me enfrento a un paciente con antecedentes de estreñimiento crónico, me estoy enfrentando a todo este buqué emocional y sufrimiento físico. Por supuesto, existen las variaciones y excepciones a estas tendencias.

Las mujeres suelen presentar el estreñimiento crónico más frecuentemente que los hombres. En su mayoría, cuando acuden a la consulta, ya son «adictas» a los laxantes o a los supositorios desde hace años.

Las más jóvenes pueden presentar pequeños movimientos del colon (una deposición escasa) una vez por semana o una vez cada diez días sin tomar ninguna medida. A pesar de todo, aquellas mujeres con más experiencia de vida prefieren limpiarse con laxantes todas las noches.

El grupo más representativo está formado por las personas altamente ocupadas y aceleradas, supercontroladoras, superresponsables, siempre conectadas y con sus agendas llenas de multitud de cosas importantes o insignificantes. Este tipo de gente dedica su vida al servicio (y control) de todos los que giran a su alrededor, olvidando e ignorando lo básico sobre su propia vida; ellos normalmente conocen bien su malestar digestivo, suelen tener un intestino espástico, las deposiciones muy desordenadas y frecuentemente padecen de hemorroides inflamadas.

A menudo limitan drásticamente determinados alimentos de sus comidas diarias (grasas, leche, legumbres…) para intentar controlar las molestias digestivas y la hinchazón, aceptando poco a poco una calidad de vida (digestiva) muy limitada y sin ser muy conscientes de lo grave que puede resultar. El estreñimiento se transforma en una obligación más, y un tema a controlar para siempre. Uno no puede permitirse olvidar tomar algo para ir al baño, porque su tripa nunca, jamás, le pedirá expulsar todo naturalmente y con suaves movimientos; la barriga parece ser una traidora, muda, perezosa, sin emociones ni expresiones adecuadas, salvo la de formar gases y provocar retortijones dolorosos debido a la sobredosis de los laxantes. Y da la sensación de que a sus tripas les importa poco que se dediquen a ingerir fibras, todo tipo de alimentos integrales y que vayan regularmente al gimnasio. Es una huelga que dura toda la vida.

¡Cómo frustra y agota ese estado permanente de sentirse poco limpia por dentro y siempre hinchada!

E, irónicamente, los hombres, los maridos y parejas de las mujeres estreñidas presentan todo lo contrario: cada mañana van al baño como un reloj, la primera cosa que hacen es «cagar» mucho y con gusto y sin ningún problema, lo hacen religiosamente, a pesar de todas las prisas y tensiones.

¡Es imposible de comprender para la mente femenina! Es más, da mucha rabia y ¡justo por la mañana! Te provoca un sentimiento de enfado, casi odio.

¡Queridas mías! Ellos, vuestros hombres, no van a suprimir sus defecaciones con un propósito solidario, ni el gusto con el cual las expulsan; tampoco piensan ocultaros sus perfectas funciones intestinales. No tiene mucho sentido enfadarse; lo mejor es aprender algo de ellos. Os aseguro que los hombres no son más primitivos; pero están más concentrados. Saben centrarse en una cosa a la vez (y no en diez); también suelen filtrar las prioridades y aquellas muy corporales suelen ser preeminentes; son más instintivos y, en general, nunca suprimen el deseo de defecar, sacrificándolo por algunas prisas. Repito, en general; hay excepciones en todo.

¿Y tú? ¿En cuántas cosas a la vez estás pensando cuando estás en el baño? ¿Hacia dónde viaja tu mente mientras tu parte «muda» del cuerpo está mirando dentro de un váter, sin ninguna expresión ni emoción? Y tú miras tu reloj... ¿Cuánto tiempo te quedas en el baño para hacer caca? «No mucho, un momento». ¿Sabes que el intestino sano se mueve a una velocidad de un centímetro por minuto? Los movimientos (la peristalsis) del colon son muy lentos y suaves, y, como ya hemos visto, es un tubo muy largo. No puede acelerarse, excepto si le «pegas» con un laxante y entonces te escupe histéricamente algo medio suelto y con prisa.

Procura tener unos diez o quince minutos para realizar un ritual estable y diario de sentarte tranquila y relajada, mejor con un escalón debajo de los pies; intenta «detenerte» y centrarte en tu tripa, mimarla con un masaje, respirar con el abdomen. Quizás tenga sentido levantarse un pelín antes por la mañana, estirar el cuerpo, tomar un vaso de agua caliente o una infusión de poleo; dos cucharadas de aceite de oliva con zumo de limón también pueden ser de gran ayuda para arrancar tus funciones digestivas. Ordena tu cabeza, sonríe y empieza el día con tu ritual corporal, captando tu mente volátil y fijándola en el «aquí y ahora». Y así tres semanas seguidas. Notarás la respuesta sin lugar a dudas.

Esto que te estoy explicando es una forma típica de generar un reflejo condicionado. En 1890-1900 lo estudió el famoso fisiólogo ruso I. Pavlov con sus perros, que desarrollaban aquellos hábitos y conductas digestivas necesarias tras una estimulación repetida y memorizada por la mente canina. Gracias a estas experiencias, Pavlov comprobó las leyes del reflejo condicionado. Somos más complicados que los perros, pero sabemos muy bien cómo formar un reflejo condicionado. Ya hemos comentado que durante la infancia los niños aprenden perfectamente cuáles son las horas de comer, de dormir, de ir al baño, además de aguantar y suprimir los estímulos fisiológicos, a pesar de que los bebés dan sus primeros pasos en este mundo con una plena libertad de horarios y reglas. Los adultos podemos volver a aprender, a condicionarnos consciente y positivamente.

P. Bióloga.

Centro Nacional de Investigaciones Oncológicas.

Premio Nacional de Investigación Santiago Ramón y Cajal de Biología.

Tengo cuarenta y dos años. He sido estreñida desde pequeña y ya desde muy jovencita, catorce-quince años, empecé a tomar laxantes para ir al baño. Comencé tomando laxantes una vez a la semana. Así que si mis intestinos eran ya vagos, el uso de los laxantes lo empeoró. De hecho, puede decirse que iba al baño solo cuando tomaba laxantes. Tanto la dosis como la frecuencia de tomar laxantes fueron incrementándose progresivamente, resultando en el abuso diario de estos. Cansada y con pocas esperanzas de que mi problema tuviese solución, acudí a la doctora Irina, que me sometió a un tratamiento de limpieza de colon por hidroterapia en cuatro sesiones. También llevé a cabo un tratamiento de drenado hepático durante una semana. Tomé distintos probióticos con el objetivo de reponer la flora intestinal. En lugar de laxantes me indicó la toma de un suplemento de magnesio y fibras hidrosolubles. No he vuelto a tomar laxantes. La hidroterapia de colon ha sido una verdadera maravilla y seguiré realizándola siguiendo las pautas recomendadas por la doctora. Ya desde la primera sesión sientes una sensación de bienestar que yo personalmente nunca había experimentado. La «reeducación» de los hábitos para ir al baño es lenta, no pasa de la noche a la mañana, y en mi caso el contar con la ayuda de una experta en digestivo naturista me ha supuesto un gran apoyo.

Tengo una hija de doce años de edad que ya desde pequeña mostraba ser estreñida y padecía frecuentes molestias/dolores de tripa. Una vez llegamos a ir a urgencias pensando que sufría de apendicitis, cuando lo que le pasaba era que no había ido al baño en mucho tiempo. Este episodio fue, de hecho, el que me hizo acudir a la doctora Irina, de la cual me habían ya llegado comentarios muy satisfactorios. El seguimiento de unas pautas muy sencillas, basadas en un cambio moderado en la dieta durante treinta días, la toma de algún suplemento alimenticio, así como el hábito de sentarse en el baño un rato todas las mañanas, han cambiado completamente el comportamiento digestivo de mi hija. No ha vuelto a tener molestias.

¿Qué es el estreñimiento?

Cuando las heces son duras, poco frecuentes (menos de tres veces por semana) y se requiere de un gran esfuerzo para su evacuación, la persona tiene un cuadro de estreñimiento.

El estreñimiento puede ocasionar molestias con el paso de las heces y, si estas son de gran tamaño, pueden romper la membrana mucosa del ano, lo cual puede causar sangrado y la posibilidad de la formación de una *fisura anal*.

Esta condición suele ir acompañada de molestias abdominales caracterizadas por:

- Una distensión y meteorismo, que implica la acumulación de gases.
- Saburra lingual, una capa blanquecina que cubre la parte superior de la lengua.
- Cefaleas (dolores de cabeza).
- Dolores al defecar, las hemorroides y las fisuras anales.
- Halitosis (mal aliento de la boca).
- Mal olor corporal…

El estreñimiento está causado con mayor frecuencia por:

- La falta de alimentos ricos en fibras y el abuso de proteínas de origen animal, productos refinados, comidas rápidas, dulces y de las harinas blancas.
- Las intolerancias alimentarias.
- La disbiosis, un desequilibrio importante de la ecología intestinal.
- Las enfermedades y los trastornos del tracto digestivo superior al colon (el estómago, la vesícula y el hígado, el páncreas y el intestino delgado).
- La disquinesia y la presencia de litiasis biliar (la vesícula perezosa y distendida con la retención de bilis y la formación del barro o de las piedras biliares).
- Una vida sedentaria y la falta de ejercicio físico.
- Una ingesta inadecuada (baja) de líquidos.
- La demora y supresión crónica para ir al baño cuando se presenta la necesidad de defecar.
- El estrés y los viajes también pueden contribuir a la aparición de un cuadro de estreñimiento por producir espasmos y contracturas de la musculatura intestinal.

- La presencia de enfermedades intestinales, como el síndrome del intestino irritable, la enfermedad inflamatoria intestinal, el cáncer de colon, la enfermedad diverticular (la presencia de las protuberancias en forma de bolsillos en la pared del colon), estenosis (un estrechamiento y una rigidez de las paredes del intestino), pólipos.
- El embarazo.
- Ciertas condiciones metabólicas y hormonales: diabetes, obesidad, síndrome de ovario poliquístico, hipotiroidismo. Los cambios hormonales que suceden durante el embarazo y la menopausia, el síndrome premenstrual...
- Los problemas de salud mental y trastornos neurológicos.
- La toma de ciertos medicamentos (codeína, analgésicos, sedantes, hierro, calcio, antidepresivos, ansiolíticos, antiácidos) que provocan una disminución del peristaltismo intestinal (movimientos musculares regulares del intestino).
- La debilidad de los músculos de la pared abdominal, del diafragma y del suelo de la pelvis que intervienen en la defecación.
- La predisposición genética que tienen algunas personas ante el estreñimiento, anomalías congénitas tipo megacolon.
- Las enfermedades ano-rectales: fisuras o hemorroides que causan defecación dolorosa, lo que lleva a evitar y suprimir todos los movimientos intestinales.
- La edad: el estreñimiento es muy común en las personas mayores de sesenta y cinco años debido a las alteraciones en el tránsito intestinal, agravado en ocasiones por la inmovilidad y la polifarmacia.

El tratamiento

El tratamiento debería ser personalizado e integrado, basado principalmente en una educación del paciente.

Un estudio de colon (la realización de una colonoscopia) es muy importante si el paciente presenta antecedentes de más de diez años de estreñimiento y tiene más de cincuenta años, y es imprescindible si existen antecedentes familiares de cáncer de colon. La extirpación de pólipos durante este procedimiento de estudio endoscópico puede ayudar a controlar mejor la motilidad intestinal.

Los tratamientos naturales con los probióticos y otros suplementos, realizados después de la extirpación de pólipos, y una alimentación corregida, pueden prevenir las recidivas e impedir la formación de nuevos pólipos. Afortunadamente, la prescripción de los probióticos en dosis altas terapéuticas está cada vez más aceptada por los profesionales de digestivo.

Los laxantes

Para la lucha contra el estreñimiento los laxantes son los más utilizados. La industria farmacéutica de los laxativos es floreciente. En Estados Unidos, se venden aproximadamente treinta y ocho mil toneladas de laxantes por año, que corresponden a unos setecientos millones de dólares anuales. En España unos cinco millones de personas sufren estreñimiento crónico con un uso continuo de los laxantes. Y como es comprensible, solo la minoría acude a la consulta médica por un malestar tan común y «cutre» como «no hacer de vientre». Seguramente son cientos de miles más quienes lo sufren en silencio.

Es muy frecuente que las personas que padecen estreñimiento se automediquen con laxantes, quizá por no saber que es la peor manera de enfocar la solución a su problema. Los laxantes más comúnmente usados y considerados naturales suelen basar su efecto en la estimulación de los nervios del intestino, con la finalidad de acelerar el peristaltismo, y causan retortijones y deposiciones semilíquidas. Pero, a la larga, suelen ocasionar una tendencia a retener las heces, con lo cual, lo único que se logrará es caer en una espiral progresiva en la que se aumentarán las dosis de laxantes y, en consecuencia, se agravará el estreñimiento.

Comprendo perfectamente que la toma del laxante no es un capricho. Es la única medida posible cuando la persona ya no sabe qué hacer. Ante la falta de información, de poder tener una atención personalizada y de una educación higiénica correcta, a mucha gente no le queda otro remedio más eficaz y más rápido.

El problema es que los laxantes agreden la mucosa del colon, actuando solo de forma sintomática, y su eficacia es muy limitada. Provocan un espasmo, un estrés del colon que permite evacuar una parte de las materias acumuladas, pero las antiguas continúan pegadas a la pared intestinal. Los laxantes ayudan a limpiar únicamente una parte de la luz intestinal, pero no pueden eliminar la pesada capa de mucosidad saturada de toxinas que recubre el colon.

La forma de administración oral es el método menos óptimo, pues interfiere con los procesos digestivos, la absorción de los nutrientes y puede provocar una deshidratación del paciente.

Los laxantes actúan, por regla general, como irritantes químicos y estimulan las paredes intestinales musculares del colon para obligarlas anormalmente a expulsar las sustancias irritantes. Además, su uso continuado provoca una irritación e inflamación de las paredes intestinales. La estimulación brutal del colon provoca una atonía (falta de motilidad) de la pared, altera el ritmo normal de los órganos del sistema digestivo, lo que a su vez empeora la gravedad del estreñimiento. Es muy fácil hacerse dependiente de los laxantes y destruir la capacidad normal del colon de eliminar por sí solo y de modo natural.

Un error común es ir al herbolario y pedir algo natural, comprar hierbas, infusiones o compuestos laxantes naturales, pensando que esto, al menos, te hará un daño menor. Hoy en día los laxantes más poderosos y más irritantes son las plantas medicinales purgantes. Tomarlos solamente uno o dos días por semana, purgarte dos veces al mes y el resto del tiempo apañarte con otros remedios y alimentos sería más aceptable. Si utilizas de forma continua laxantes irritantes en dosis altas, en solo dos semanas estarás enganchado, irritado y algo resistente, ya que te obligará a aumentar la dosis o a probar otras hierbas.

Si quitas una función fisiológica normal (aunque baja) de algún órgano, este pierde su tono, su capacidad de reacción y su elasticidad. Como cualquier convaleciente, que después de estar mucho tiempo inmovilizado no puede ni siquiera caminar bien, de igual modo el intestino tiene que recobrar su ritmo y fuerza poco a poco, para así poder salir de este enganche y dependencia a los laxantes. Es un proceso largo y difícil, pero el cuerpo te lo agradecerá en unos dos meses, y no es nada en comparación con veinte años de estar estreñido, ¿no crees?

Recomendaciones alternativas

Como primer paso, os recomiendo darle preferencia a los suplementos compuestos por sales de magnesio, alternando las distintas formulaciones, siendo los más suaves el carbonato y el sulfato de magnesio, siempre sin abusar y respetando la propia sensibilidad. Aunque son suplementos alimentarios y no llegan a definirse como fármacos, se debe siempre consultar acerca de su compatibilidad o no con otros fármacos que se estén administrando al mismo tiempo.

El magnesio es un laxante que, en primer lugar, estimula la actividad muscular del intestino y de la vesícula y no posee ningún efecto irritante local, tiene efecto antiestrés para nuestro cerebro intestinal y entrena los músculos digestivos para que trabajen con regularidad.

Para evitar las deposiciones muy líquidas provocadas por el magnesio conviene combinarlo con unos suplementos de fibra hidrosoluble rica en prebióticos e inulina, tipo plantago o lino, y con los suplementos probióticos. Hay que distanciar (una o dos horas) la toma de estas fibras de la de cualquier otra medicación, pues la fibra puede afectar a la absorción de los medicamentos.

Ni el magnesio ni las fibras hidrosolubles crearán dependencia ni alterarán el tono muscular intestinal, sino todo lo contrario.

Esta manera de controlar tu tripa tiene que ser tu primer paso, tu primer escalón. Esto te facilitará empezar con el trabajo de buscar tu alimentación personalizada, realizarte la limpieza y el «revestimiento» de la mucosa intestinal, lograr un equilibrio de tu ecología colónica y pasar por una reeducación higiénica. Por lo menos es en lo que creo yo.

El uso de los supositorios de glicerina o los microenemas comerciales tiene que ser ocasional, por ejemplo, en los viajes. En una ocasión puntual el supositorio puede servir de gran alivio, pero usarlo todos los días o con frecuencia no lo te recomiendo. Recuerda que el ano tiene una alta sensibilidad y una red abundantes de los receptores del sistema nervioso. Introducir un supositorio produce que las sustancias químicas del mismo exciten y activen estos receptores y provoquen así una oleada de movimiento muscular espástico de la parte distal del colon (normalmente en el mismo recto). Te hace expulsar en unos minutos, de un tirón, las heces acumuladas en las partes más bajas. Eso no tiene nada que ver con una deposición completa. Esta es una medida de urgencia y ocasional.

Con el uso prolongado de los laxantes locales (supositorios) las personas notan que para tener esta reacción y necesidad de evacuar hay que esperar unos quince o veinte minutos, después tardan media hora o más hasta que aparece este picor y esta necesidad. ¿Qué ha pasado? La presencia de una irritación local constante o repetida frecuentemente sobre los receptores nerviosos provoca una pérdida de su sensibilidad; la mucosa se endurece por la irritación crónica y el reflejo pierde su nitidez. Esto empeora el pronóstico de la recuperación y complica el trabajo terapéutico. Es necesario recuperar la sensibilidad y el reflejo que ya no era condicionado, a pesar de que nacimos con él.

Cuando los residuos finales están preparados para salir, la bola de las heces se acumula en la parte ancha del recto (la llamada ampolla del recto) y presiona suavemente hacia el esfínter externo del ano despertando los receptores nerviosos y provocando la necesidad de expulsar. Pero al abusar durante un tiempo prolongado de los supositorios, uno pierde esta sensación; quizá tu recto te avisa de que ha llegado el momento, pero el «timbre» ya no funciona, lo apagaste.

Las alternativas naturales de un laxante local pueden ser un enema casero, aplicado con suavidad, agregándole una infusión de manzanilla templada o de tomillo; también funciona la introducción en el ano de unos 100-150 mililitros de aceite de oliva virgen mediante el uso de una «pera» de goma que se puede comprar en la farmacia; es la que se utiliza para los bebés para los lavados nasales. El aceite es un suave estimulante muscular, excelente lubricante y tiene propiedades regenerativas y antiinflamatorias. Una vez que se haya introducido lentamente en el ano, se recomienda tratar de retener el aceite dentro del recto durante una media hora o más. Es mejor estar acostado y relajado. A algunas personas les recomiendo hacerlo antes de irse a dormir y tener deposiciones por la mañana. Es una buena medida para ayudar a prevenir las fisuras anales y los sangrados de las hemorroides. El aceite puede ayudar a entrenar al colon y volver al ritual de tener deposiciones por las mañanas, pero no nos asegura una limpieza total y profunda de todo el recorrido del intestino grueso.

Cuando el tono muscular intestinal está disminuido, el consumo de fibra provoca una distensión importante del colon que no llega a despertar un movimiento muscular. Es muy incómodo y confuso, porque todo el mundo te recomienda ingerir fibras, y a ti no te hacen nada y además te hinchan. Creo que hay que personalizar la prescripción de las fibras y explicar en detalle las diferencias entre ellas. Existen periodos de estreñimiento en que el consumo elevado de cereales y de los productos integrales puede irritar e hinchar aún más la tripa, sin llegar a cumplir con su finalidad de facilitar el tránsito intestinal. A veces es mejor empezar con los mucílagos y las fibras «gelatinosas» y así poder estimular simultáneamente las funciones musculares tanto biliares como del intestino.

Algunos laxantes te sueltan y solo eliminas líquidos, otros te producen la eliminación únicamente de unas «caquitas de cabra», los terceros gritan provocándote unos retortijones vergonzosos. Me gustaría daros un remedio que funcionase, pero no creo en eso.

Cada tripa es un desafío, un aprendizaje. La tripa protesta, te demuestra su carácter de hierro, no se mueve sin que le pegues con un laxante, y a pesar de eso no te escucha, insiste en que le dirijas una atención permanente. ¿Qué calidad de vida es esa? Puedes decir: «Yo soy así desde siempre, es una característica mía». Vale, pero no es ni tu diseño original ni tampoco una discapacidad definitiva. ¡Toma medidas en este asunto, por favor! Quizás un día, en lugar de pasar de este tema poco importante y tomar un laxante una vez más, también puedas demostrarte que tienes una voluntad de hierro, una disciplina y la paciencia suficiente para ganar y poder, finalmente, gozar de tu salud.

Me gustaría que algún día una fundación o una institución impartiese unas clases o cursos para aquellos pacientes que están registrados con problemas digestivos, favorecer una especie de motivación y de interés personal (o económico) para asistir a dichos cursos. Seguramente eso repercutiría positivamente en el ahorro económico para el sistema de salud.

La hidroterapia de colon

La consecuencia fisiopatológica del estreñimiento es la formación de un colon saturado con una sobrecarga tóxica (toxemia intestinal). Esto provoca un desequilibrio en la microflora intestinal, una permeabilidad elevada del epitelio intestinal, la acumulación de las toxinas en el sistema linfático, el hígado y la sangre, con la aparición de diversas alteraciones en la salud y, con el tiempo, el posible desarrollo de enfermedades sistémicas crónicas y cáncer de colon.

La hidroterapia de colon, acompañada de una dieta equilibrada posterior, es una solución eficaz para el tratamiento del estreñimiento.

La descarga y la completa eliminación de todos los residuos tóxicos, las heces duras, los microorganismos y el exceso de moco permiten al colon recuperar su ecología sana, su capacidad de generar y mantener, con un funcionamiento correcto, un epitelio intestinal sano. Además, la irrigación continua del colon con agua produce un estímulo directo sobre los músculos del tubo digestivo. Esto ayuda a la recuperación del tono y de la motilidad regular del intestino.

Después de la limpieza profunda del colon, es muy importante establecer un plan de dieta, suplementos, ejercicios personales y proporcionar una reeducación higiénica y un apoyo psicológico en los casos que fuera necesario. Este conjunto terapéutico produce resultados significativos.

RECOMENDACIONES NUTRICIONALES

Como consejos prácticos, os doy una lista de los alimentos y suplementos que poseen propiedades laxantes y estimulantes del tránsito intestinal. Muchos de ellos no son de uso común en la dieta española, pero se pueden conseguir en los herbolarios, tiendas ecológicas y dietéticas:

- Zumo de ciruelas con su pulpa: ingerir un vaso con el desayuno.
- Ciruelas pasas (diez frutos secos): cubrir con agua y hervir durante cinco minutos a fuego lento. Se puede tomar todo como postre después de cenar o como merienda.

→

- Orejones (unos diez frutos secos): cubrir con agua y hervir cinco minutos a fuego lento. Tomar como postre, aunque puede ser también con el desayuno o la merienda.
- Zumo de remolacha ecológica: beber un vaso con la cena.
- Ensalada de remolacha rallada y cocida con aceite de oliva y ajo (no como ensaladilla rusa y sin utilizar la mayonesa): tomar una ración con la cena.
- Chucrut en zumo (lombarda y col fermentada): comerlas con moderación (dos o tres cucharadas soperas) antes de la cena.
- Semillas de lino (dos cucharadas soperas): dejarlas en remojo en un vaso de agua durante unas ocho o diez horas, mezclar bien y beberse todo en ayunas (las semillas y el agua). Se puede tomar otro vaso antes de acostarse.
- Aceite de oliva virgen (dos cucharadas soperas que se mezclan con el zumo de un limón recién exprimido): se toma unos quince minutos antes del desayuno.
- Pulpa triturada de la hoja fresca del aloe vera (sin la corteza): dos cucharadas soperas antes de cada comida principal.
- Aceite de lino ecológico: tomar 1 cucharada sopera en ayunas y por la noche (se pueden utilizar 2 perlas de aceite de lino).

Doctor
LUIS BRIL ROSEMBERG

Licenciado en Medicina y Cirugía. Especialista universitario en Medicina Estética de la Universidad Complutense de Madrid. Cirugía plástica, reconstructiva y estética

Es un placer para mí escribir un breve comentario para tu libro, como colega y como paciente tuyo.

Hemos tratado juntos pacientes con trastornos nutricionales y consecuentemente sus correspondientes alteraciones corporales. La sinergia de ambos tratamientos siempre ha beneficiado a los pacientes.

También yo, como paciente tuyo, me he sentido tratado con mucha profesionalidad, cariño y dedicación.

En fin, te deseo lo mejor con este libro, que será muy apreciado por nuestros colegas y pacientes.

Capítulo IX

HIDROTERAPIA DE COLON. LA ITV PARA EL CUERPO

Como hemos aprendido en capítulos anteriores, la microflora intestinal es un factor clave para la salud; si la ecología intestinal no se encuentra equilibrada y la alimentación es inadecuada, con el tiempo, el colon comienza a presentar una irritación profunda a nivel de las mucosas, y los desechos ya duros, ácidos y podridos se empiezan a adherir a las paredes intestinales.

A pesar de que la evacuación se realiza con toda «normalidad», los residuos tóxicos y pegajosos suelen quedarse adheridos en los pliegues intestinales, se acumulan de forma progresiva y terminan por «ensuciar» el colon, formándole una «capa llena de costras». Esta suciedad llega a cubrir muchas partes del intestino grueso con estas placas endurecidas e impiden su funcionamiento; esto, a su vez, empeora la microflora y las defensas locales. Y termina siendo un círculo vicioso.

Se puede comparar todo este proceso tóxico con lo que sucede en las tuberías de tu casa cuando se produce una acumulación de cal. Si abres el grifo cuando las tuberías están parcialmente obturadas por la cal, el agua sale pero con menor fuerza y peor calidad, hasta que llega a no ser potable. En estos casos, no dudas en llamar a un fontanero para que realice una revisión lo antes posible, y luego harás algunos cambios preventivos de futuros problemas, como por ejemplo colocar filtros, ¿verdad?

Lo mismo sucede con nuestros tubos: evacuamos los residuos, pero cada vez en menor cantidad y sin poder arrastrar la saturación que ya existe en las paredes; la «calidad» de las heces empeora, se convierten en más ácidas y malolientes y pican e irritan el ano fácilmente. Esto, a su vez, promueve la inflamación de las hemorroides y la formación de las fisuras anales.

La práctica clínica enseña que ningún paciente está libre de trastornos intestinales. En España, entre un 10 a un 15 por ciento de la población adulta padece del síndrome de colon irritable. Alrededor de cinco millones de españoles padecen de estreñimiento grave. Muchos de ellos tienen una alta probabilidad de desarrollar un cáncer de colon durante su vida.

Los especialistas en autopsias (los que estudian los tejidos de las personas muertas) afirman que entre un 60 y un 70 por ciento de los cólones estudiados contienen materias fecales tan duras como piedras y que llevan allí decenas de años. Según la Organización Mundial de Salud, un 80 por ciento de los cánceres y de las enfermedades metabólicas se puede prevenir con una alimentación adecuada que conlleve una digestión sana. ¡El 80 por ciento! ¿Te apuntas?

Como no siempre resulta fácil modificar nuestros hábitos alimenticios, evitar el estrés o empezar a realizar actividades físicas de forma sistemática, puede resultar de gran ayuda conocer aquellos medios o técnicas naturales y eficaces para poder intensificar y hacer más efectiva la eliminación intestinal.

Los métodos de la *hidroterapia de colon* están al alcance de cualquier persona con deseos de mejorar su vitalidad y su salud. Sus efectos beneficiosos son múltiples y se manifiestan con gran rapidez: la sensación de bienestar y de liviandad, la regulación del peso, el estímulo de las facultades intelectuales y la notable mejoría de todas las funciones fisiológicas. Un intestino que funcione bien es una de las bases para gozar de una buena salud.

Sin embargo, a algunos de nosotros la idea de limpiar nuestros intestinos suele darnos un poco de reparo. Hacer correr el agua por el colon no presenta más riesgos que el enjuagarse la boca o hacer gárgaras. El colon no es estéril y los lavados intestinales no perjudican la flora intestinal, sino que, por el contrario, la mejoran notablemente.

En muchos hospitales de diferentes países del mundo, antes de hacer un estudio radiográfico del tubo digestivo o de someter al paciente a una intervención quirúrgica abdominal, se realiza un lavado intestinal, incluso en aquellos enfermos graves.

Historia de la limpieza interior

Desde hace miles de años, el hombre ha tratado de mejorar su salud mediante la limpieza de su interior. Los antecedentes de la hidroterapia del colon se encuentran en los lavados intestinales que son mencionados en escritos sumerios, chinos, hindúes, griegos y romanos, aunque han sido registrados con mayor detalle en papiros del antiguo Egipto.

Como ya he mencionado anteriormente, el filósofo, historiador y naturalista romano Plinio el Viejo relata en el año 77 la leyenda del ave ibis, la que le enseñó al hombre cómo purgar su intestino. Después de una abundante comida de peces, este pájaro se encontraba sobrecargado y con su pico aspiró agua de mar, introduciéndosela en el ano, seguidamente evacuó y se sintió mejor.

En el siglo XX la hidroterapia de colon fue muy promovida y utilizada por el doctor J. Kellogg, especialmente famoso por el invento de los cereales para el desayuno. John Harvey Kellogg fue un médico revolucionario de Estados Unidos que empleó métodos holísticos en la medicina, haciendo particular énfasis en la nutrición, el ejercicio físico y un uso amplio terapéutico de los enemas. Kellogg fue un firme partidario del vegetarianismo y practicó las hidroterapias de colon para sí mismo a lo largo de toda su vida. En sus artículos en el *Journal of the American Medical Association*, él recomendaba la hidroterapia del colon para casi todas las dolencias y comprobaba su eficacia con casos clínicos. Con el método de la hidroterapia del colon consiguió estabilizar y mejorar la salud de numerosos pacientes con enfermedades sistémicas. A pesar de vivir en épocas difíciles, este hombre llegó a cumplir noventa y dos años años, gozando de buena salud y lucidez hasta los últimos momentos de su vida. Falleció en 1943.

Hasta los años setenta del siglo XX, en Estados Unidos la técnica de la limpieza intestinal era muy utilizada por médicos y estaba muy de moda. Hasta existía el llamado «Boulevard Colónico» (Colonic Row) en Beverly Hills, la ciudad en la que se concentraba la gente rica y privilegiada de California.

Existen muchos archivos de esa época sobre el uso terapéutico de la hidroterapia del colon en Europa, en los balnearios imperiales de Alemania, Austria, Francia y Suiza.

Desde la década de los setenta, la higiene interior se ha ido descuidando cada vez más en beneficio de los tratamientos sintomáticos por medio de los medicamentos químicos. Sin embargo, todas las medicinas tradicionales y naturales han sido siempre partidarias de este tipo de tratamiento.

Los nombres más importantes en el desarrollo de la hidroterapia de colon del siglo XX han sido: los doctores Kellogg, B. Jensen, P. Carton, Lagroua, Bertholet, C. Vasey, V. Irons, Kousmine, entre otros.

Hidroterapia de colon en la actualidad

En la época actual se reconoce cada vez más el valor de las terapias naturales y la medicina preventiva, y especialmente se ha ido incrementando la utilización de la hidroterapia de colon. El paciente moderno se informa y sabe cada vez más sobre los métodos naturales y cuáles son los más eficaces para mejorar su calidad de vida.

La hidroterapia de colon vuelve a su espacio terapéutico y se encuentra presente en muchos centros mundiales de rehabilitación y bienestar. Además, la hidroterapia de colon está en el foco de interés de la medicina biológica, como una herramienta para la desintoxicación celular y la prevención del envejecimiento.

Hoy en día, Estados Unidos sigue siendo el líder mundial en los temas de medicina holística, que incluye la hidroterapia del colon. Uno de los modelos de la medicina natural integrada y referentes mundiales en la calidad de la atención personalizada son el Hippocrates Health Institute de Boston y el Esalen Institute de California.

En Europa, el uso de la hidroterapia de colon está muy avanzado y desarrollado en Inglaterra, Alemania y Suiza, así como en los balnearios minerales de la República Checa y Hungría. En Alemania y Suiza la limpieza intestinal es tan común como la dental o un cuidado de la piel. Mucha gente es totalmente receptiva a los temas de los lavados intestinales y saber que solamente con este método ya puedes ayudar a prevenir el desarrollo de un cáncer de colon es un argumento más que suficiente para realizarlo una vez al año como una rutina. Comer salchichas alemanas y beber cerveza es una práctica difícil de eliminar, pero por lo menos se puede compensar con una ITV digestiva anual.

En Inglaterra, la hidroterapia de colon (HTC) está presente en casi todos los centros importantes de la medicina alternativa. En una de las clínicas de Londres patrocinadas por el príncipe Carlos hay varios gabinetes de HTC. Para los británicos es totalmente compatible poseer una educación clásica y una exquisita cortesía con mantener limpio su sistema digestivo a través de las lavativas asistidas. De hecho, en la propia Inglaterra, la HTC está financiada por algunas mutuas privadas.

En varias clínicas de Europa, la hidroterapia de colon está integrada en las unidades de atención del aparato digestivo. Con las HTC en una hora cualquier paciente estará preparado para realizar una colonoscopia o una intervención del tubo digestivo, sin esperar ni sufrir la preparación que se realiza en la mayoría de los centros hoy día a través del uso de los laxantes.

En la República Checa, que ha estado mucho tiempo influenciada por Alemania y Austria, los temas de la hidroterapia tienen unas raíces muy profundas. Merece la pena mencionar una pequeña y famosa ciudad que se llama Karlovy Vary, que está situada en la frontera con Alemania, a unos 130 kilómetros de la ciudad de Praga. También la llaman Karlsbad (los baños de Carlos). La ciudad se esconde en un valle protegido por las montañas y la zona posee un clima exclusivo. El lugar es famoso por sus balnearios: utilizan doce tipos de aguas termales naturales de la región, los cuales se diferencian en la temperatura, su composición mineral y sus propiedades terapéuticas. La mayoría están destinados a los tratamientos del sistema digestivo.

Con semejante abanico de aguas termales, son muchas las posibilidades terapéuticas para todo tipo de patologías digestivas y metabólicas.

Es un lugar famoso desde el siglo XIV por sus múltiples historias sobre curaciones y ha sido un sitio privilegiado para los tratamientos de familias reales y nobles por sus aguas salutíferas.

Es difícil de creer, pero los balnearios y los paseos del casco antiguo de Karlovy Vary todavía mantienen ese aire y estilo imperial de los siglos pasados. Al llegar allí no te queda otra que detenerte, pasear, descansar, bebiendo aguas termales y regenerando tus mucosas digestivas (salvo que por las noches decidas degustar con amplitud las cervezas checas, pero no es lo que te recomiendo).

Lógicamente, la mayoría de los balnearios tiene su departamento de hidroterapia de colon. Es el único sitio donde las irrigaciones intestinales se realizan directamente con aguas termales, porque las tuberías de los centros están directamente conectadas a los géiseres termales.

En España, en la última década, se observa un interés creciente por el método de la hidroterapia de colon, tanto entre los pacientes como entre los profesionales médicos y naturistas. Actualmente existen centros en todo el país que ofrecen la limpieza intestinal. Los pacientes me dicen que el trato personal, el precio, las recomendaciones y los seguimientos varían mucho de un centro a otro, pero, sin lugar a dudas, todo el mundo puede encontrar un centro que se adapte a sus necesidades.

El método de la hidroterapia de colon

Entonces, ¿qué es la hidroterapia de colon? ¿Se trata de un enema grande, hecho de una manera sofisticada o es algo más profundo? En realidad es un tratamiento mucho más complejo.

Una sesión de hidroterapia de colon consiste en la infusión suave, segura y sistemática de agua, previamente filtrada y purificada, en el colon vía ano y recto. También, según las indicaciones terapéuticas, se puede hacer una irrigación del colon con un agua enriquecida con ozono, fórmulas magistrales de plantas medicinales, un cóctel de los prebióticos… Todo esto ayuda al tratamiento y a la cicatrización local de la mucosa. Durante la sesión es conveniente realizar múltiples llenados y vaciados de agua, implementar técnicas de respiración, y realizar un masaje abdominal suave.

El aparato moderno de hidroterapia de colon facilita un manejo y un control absoluto de todas las constantes; el equipo permite una limpieza total y eficaz del intestino grueso con alta seguridad.

El sistema automático de llenado y vaciado instantáneo de agua ayuda a disolver todos los depósitos adheridos en el colon de forma definitiva. Durante la sesión de la hidroterapia de colon, la descarga con los residuos fecales pasa por un tubo transparente iluminado, que permite al personal especializado realizar las observaciones y recibir información importante para el diagnóstico. Durante el procedimiento se utiliza una cánula, conectada a dos circuitos cerrados, permitiendo la entrada de agua pura y la salida de agua cargada de residuos por el recto de forma independiente. El tratamiento es totalmente seguro en relación a las contaminaciones externas debido al uso de materiales desechables. Después de cada sesión, el equipo procede automáticamente a su desinfección.

Una sesión de hidroterapia de colon tiene una duración de treinta y cinco a cuarenta y cinco minutos con la utilización de unos 20 o 30 litros de agua de lavado total.

Para lograr una limpieza completa y un efecto profundo terapéutico se recomienda realizar una serie de tres sesiones de tratamiento con unas pausas determinadas por el médico y según tu estado inicial digestivo. La primera sesión logra limpiar el material residual impactado durante mucho tiempo, alivia de la flatulencia y a veces hasta quita algunos kilos de peso, pero es en la segunda y en la tercera sesiones en las que se logran la limpieza profunda del colon y el efecto terapéutico a largo plazo.

La hidroterapia de colon es totalmente higiénica, indolora e inodora y excluye cualquier fenómeno desagradable. Sin embargo, se pueden experimentar ciertas molestias, debido al estreñimiento, la espasticidad, el exceso de flatulencia, la sensación de presión suave cuando el agua llena el colon y el gran alivio con cada una de las descargas. Durante la sesión, el paciente tiene posibilidad de comunicarse con el personal que realiza el tratamiento en todo momento y poder comentarle sus sensaciones. Tras la sesión, el paciente recibe recomendaciones dietéticas y prescripciones naturales y ya puede seguir con su vida normal.

Mientras recibes una sesión de HTC estarás vestido con una bata o un delantal, tumbado en la camilla y tapado con una sábana. Cuando se realiza el tacto rectal y se introduce la cánula, el paciente está en posición fetal. La enfermera-hidroterapeuta, al prepararte para el tratamiento, tapa tus partes íntimas y no estarás expuesto ni a la vista ni al contacto externo.

Como algunas personas no saben de qué se trata y cómo se realiza una HTC, lo cual es lógico, intentan adoptar la postura de rodillas-codos con su trasero levantado vertical como una bandera o buscan algo parecido a un sillón ginecológico. Algunos, muy pocos, con una vergüenza patológicamente exagerada, intentan esconderse, tapando su cabeza con la almohada, transmitiendo el claro mensaje de «No soy yo, no estoy aquí», o actúan como que aquello tan feo que sale de ellos no tiene nada que ver con su cuerpo. Otros, la mayoría, una vez «enchufados», lo asumen y se acomodan muy rápidamente (pues el personal les trata verdaderamente de una forma exquisita), y ya quieren saber todo lo que les pasa y ver todo lo que sale de ellos, comportándose como niños asombrados al descubrir su contenido y cómo puede ser tan abundante. Pero, en general, todos lo pasan bien, es un desafío y un aprendizaje sobre ti mismo. Realizar una HTC te garantiza un beneficio. Tanto si sufres como si disfrutas, eliminas de tu cuerpo unos kilos de residuos y de toxinas.

La ITV para tu cuerpo

Tu cuerpo es como tu vehículo para conducir en este mundo, que aloja la mente y la conciencia. Vivimos con muchas ideas, pensamientos, ilusiones, ambiciones, y para poder cumplirlos, debemos tener nuestro medio de transporte arreglado y funcionando. Y eso no se hace por sí mismo, hay que participar, hacer una ITV de vez en cuando. Por eso ofrecemos el programa «Puesta a punto digestiva». Por lo menos realiza tu ITV y después avanzarás con otros pasos hacia tu salud. La vida no se cambia de un día para otro.

La policía nos obliga a tener el coche en perfecto estado por motivos de seguridad vial, y si no has pasado la ITV correspondiente, te ponen una multa con más de un cero. A ti ni se te ocurre protestar; es una norma muy clara: tu coche tiene que estar seguro para prevenir accidentes y daños.

Cómo me gustaría que un día la sanidad y la sociedad crearan las mismas reglas sobre la ITV corporal, obligando a realizarse un cuidado mínimo necesario para mantener la salud física y mental, para prevenir los accidentes y los daños que pueden ocurrir andando por la «autopista» de la vida.

Y no es mi intención proponeros la hidroterapia para todos. Se trata de una reeducación y de un mínimo respeto obligatorio hacia tu peso, tu alimentación, tu actividad física, la calidad de tu descanso, tu cuidado general y digestivo, por supuesto.

¿Qué sentirás como beneficio inmediato y a corto plazo después del tratamiento con una hidroterapia de colon?

- Al eliminar la mayoría o la totalidad del contenido intestinal se *disminuye el volumen* del colon y de la tripa en general, *baja la compresión* ejercida sobre los órganos vecinos y el diafragma, que produce un *efecto de relajación* y de una *mejor respiración*; aparece una sensación de alivio, de un «vacío» agradable y un bienestar dentro de tu vientre.
- *La disminución de la presión dentro del abdomen* favorece el retorno veno-linfático desde las piernas y la zona hemorroidal, que mejora notablemente los síntomas relacionados con la retención de líquidos e insuficiencias veno-linfáticas. Mejora y ayuda a controlar los efectos de

las menstruaciones dolorosas y abundantes y del síndrome premenstrual.

- *La descongestión y descompresión* de la zona de la columna lumbar y sacral (los acúmulos de los gases y de las heces en la tripa pueden presionar desde dentro y bloquearlos) favorece la correcta función de las articulaciones de la cadera y alivia notablemente los dolores lumbares e isquiáticos.
- *La cicatrización y la renovación, el efecto calmante y antiinflamatorio* sobre las paredes intestinales repercute de modo positivo en los estados de colon irritable y el estreñimiento. Una vez limpio de la saturación por elementos tóxicos y de la mucosidad antigua, sumado a una dieta apropiada, el epitelio intestinal es capaz de renovarse en unos días generando un nuevo moco lubricante que favorece el equilibrio de la microflora de colon.
- *La desintoxicación.* Es beneficioso para todos los sistemas, pero los efectos más cercanos serán: *la mejoría del estado psicoemocional*, el aumento de la capacidad intelectual, cambios positivos en casos de insomnio, depresión, ansiedad y migrañas; la mejoría de la dermatitis atópica, eccema, soriasis, acné; se observa la menor retención de líquidos por el tejido conectivo.

¿Y los efectos a largo plazo?

- La estimulación del sistema inmunológico.
- La digestión correcta con el paso completo de los nutrientes y sustancias al torrente sanguíneo.
- La estimulación de la memoria y el funcionamiento del sistema nervioso central.

- La vitalidad de la mucosa intestinal con formación de una microflora equilibrada.
- La motilidad regular del intestino grueso.
- Los cambios metabólicos positivos...

Indicaciones generales para la hidroterapia de colon

La HTC está indicada para todos los adultos como un método preventivo y sano de mantener la salud y el bienestar. Las indicaciones más comunes (que han de ser previamente valoradas por el médico) son:

- Estreñimiento.
- Diarreas crónicas.
- Debilidad/flacidez de colon.
- Abundancia de gases y flatulencias.
- Colon irritable.
- Obesidad y sobrepeso.
- Enfermedades inflamatorias crónicas.
- Enfermedades metabólicas.
- Problemas de piel.
- Alergias en general.
- Problemas menstruales.
- Estrés, insomnio, ansiedad...
- Problemas circulatorios, insuficiencia venoso-linfática.
- Prevención del envejecimiento.
- Preparación para la realización de colonoscopias y algunos tratamientos quirúrgicos.

Contraindicaciones generales para la hidroterapia de colon

Tienen que ser previamente valoradas por el médico. Algunas de ellas son:

- Cirugías realizadas dentro de los seis meses previos.
- Colitis ulcerosa descompensada.
- El cáncer de colon.
- Estados agudos o graves de las enfermedades cardiovasculares.
- Anemia grave.
- Hernia inguinal.
- Aneurisma de aorta.
- Enfermedades neurológicas y del sistema nervioso central.
- Embarazo.

HTC y las enfermedades crónicas

La hidroterapia de colon es una herramienta importante para los tratamientos de los pacientes crónicos. Se puede utilizar en aquellos casos en que se está o se ha estado recibiendo una farmacoterapia prolongada. La práctica de la HTC será de gran utilidad para mejorar y acelerar la absorción de los medicamentos recibidos tanto como de los nutrientes necesarios. La rutina con la HTC permite, con el tiempo, reducir significativamente la dosis de los fármacos utilizados y acortar el curso de la terapia; además, ayuda al aumento de la producción de las células del sistema inmune de las mucosas intestinales. La hidroterapia promueve asimismo la hidratación y la desintoxicación adecuada del cuerpo tras haber recibido tratamientos agresivos.

Los pacientes con cáncer sufren muchos efectos secundarios por la radioterapia y la quimioterapia que les producen alteraciones gastrointestinales múltiples. Esto interfiere con la calidad de vida y con su estado psicológico. Existen diversos métodos naturales, entre ellos la hidroterapia de colon, que permiten mejorar el estado de estos pacientes. Pero, previamente a este tratamiento, es imprescindible la coordinación profesional entre los médicos.

> Paciente B., cincuenta y tres años. En 2010 me operaron de cáncer de mama, y después me pusieron un tratamiento a base de tamoxifeno. Aunque yo siempre había tenido el intestino perezoso, en los últimos quince años lo tenía resuelto a base de una correcta alimentación. Sin embargo, al empezar con la quimio, mi intestino dejó de funcionar, y desde luego no tenía ninguna intención de tomar laxantes, ya que sé las consecuencias indeseables de su utilización. Consciente del mal funcionamiento de un órgano tan importante, tenía una gran ansiedad, ya que no sabía qué hacer para resolver el problema. Así que decidí probar el tratamiento de hidroterapia de colon en la Clínica de Salud Digestiva de la doctora Irina Matveikova. Recuerdo gratamente el cuidado y la delicadeza en el trabajo realizado por su asistente, María, quien normalmente lleva a cabo las sesiones de hidroterapia del centro, supervisadas siempre por la doctora.
>
> Desde la primera sesión el cambio fue espectacular, pasando de un bloqueo total a un funcionamiento de mi intestino diario y sin problemas. Con mucho cuidado, dado que debido al tratamiento de radioterapia que había experimentado tras la operación se me había declarado una neumonitis, la doc-

> tora Irina fue tratándome paso a paso, primero limpiando mi colon en profundidad, aportándole los nutrientes necesarios para ir sanándolo; supuso un nuevo avance en mi mejoría, que noté inmediatamente. Además, desde el primer día, la doctora me indicó un tratamiento, preparándome para realizar una limpieza de hígado. Fue otro paso importante y muy significativo en la mejoría de mi tránsito intestinal, a lo cual siguió una limpieza de riñón. Mi sistema digestivo está funcionando bastante bien, aunque también es cierto que mientras esté con el tratamiento de quimioterapia necesitaré seguir asistiendo a sesiones periódicas de hidroterapia para mantener mi colon funcionando. La tranquilidad de tener un tratamiento en el que también la doctora se interesa no solo por mi evolución, sino por mi alimentación, es algo muy apreciado por mí, y con la sensación de que he dado un paso de gigante en lo que respecta a mi salud en general, incluyendo mi estado de ánimo. Creo sinceramente que un cuerpo sano, libre de impurezas, repercute no solo a nivel psíquico, sino también a nivel emocional y, por supuesto, espiritual.

Es muy simple y claro: con tener tu colon cuidado, limpio y «ecológico» mantienes controlada tu salud digestiva y mucho más. Son suficientes razones para superar tu inercia, tu pereza, el pudor y la vergüenza innecesaria, y «sacrificar» tu trasero para el procedimiento.

La hidroterapia de colon no es una cura ni una solución absoluta para todos tus males; pero tener una superficie intestinal tan enormemente grande sin toxinas ni inflamaciones, poder absorber adecuadamente todos los nutrientes, gobernar bien estos billones de habitantes que invaden tu tripa y ser «ecológico» es una enorme cantidad de trabajo que tú te quitas de encima, echando una mano a tu hígado y a todos tus sistemas de depuración. De este modo, ellos pueden dedicar sus funciones y su energía a otras tareas más importantes.

Espero haberte convencido de que eliminar bien la basura tóxica y maloliente de tu «templo» es una costumbre y un ritual suficientemente importante para incorporarlo en tu vida.

Voy a compartir unos recuerdos muy lejanos que tengo de un profesor médico; se trata de un naturista alemán, convencido y apasionado de su profesión (era una persona mayor, pero sana y con la energía y vitalidad de un joven). A veces daba a sus pacientes una «demostración muy especial» de sus suciedades. Exponía su método de la siguiente forma:

Cuando tratas de ignorar tu tripa llena de caca durante muchos días, por haberte olvidado, estar cansado de luchar con tus entrañas, no tener tiempo o no saber qué más puedes hacer..., tomas esta decisión totalitaria sin consultar con tu cuerpo. El hígado, sistemas digestivos, linfáticos, inmunológicos no tienen voto ni derecho a intervenir y protestar; los expones así a un «desastre» ambiental interno y tu cuerpo lo va literalmente «tragando». Vale, no pasa nada, tómate tu tiempo, sigue con tu vida, pero para ser justos y democráticos y para entender a tus «subordinados», asume tus actos y comparte el ambiente con ellos.

El viejo loco, cuando consultaba a sus enfermos con estreñimiento (aquellos que no tienen muy claro la importancia de lo que está sucediendo ni el daño que le están haciendo a sus cuerpos y vienen a la consulta por otros temas), colocaba sobre la mesa, al lado del paciente, un cuenco lleno de heces, en las cantidades proporcionales al tamaño del paciente y la duración de su último atasco intestinal. Si el paciente era un hombre corpulento o una mujer con cuatro o cinco días de retraso, el cuenco llegaba a ser grande y estaba lleno con un par de kilos de material fecal maloliente.

La sorpresa del paciente, como podrás imaginar, era tremenda. El médico respondía, con flema alemana, que no pasaba nada, que se trataba simplemente de lo que tú habías elegido tener en tu interior, era la esencia de tus entrañas de un día y que habría que observar cómo se multiplicaría aquella masa con los excrementos que tu cuerpo seguía produciendo día a día. El médico insistía con las demostraciones hasta conseguir una concienciación plena sobre el tema. Para él era muy simple: ¿te limpiamos o te llevas este cuenco a tu casa?

Puede resultar brutal, anecdótico, pero en realidad este médico gozaba de una fama y una reputación excelentes, porque, al fin y al cabo, a la gente le gusta que le hablen muy claramente.

El éxito sorprendente de la serie de televisión *House* está en que su protagonista posee un carácter brusco, grosero, y muestra una actitud horrible hacia todos, pero, a fin de cuentas, es brillante y salva vidas. Parece que, en ocasiones, a la gente le produce un morbo, podríamos decir que necesario, ver y hablar de cosas feas para tener que llegar a ese choque ético extremo.

Os advierto de que en mi clínica no hacemos nada brutal ni grosero. La hidroterapia de colon moderna evita cualquier contacto con tus residuos; el proceso de la limpieza es estéril y el trato de mis enfermeras es delicado. Sé muy bien que al paciente nuevo le cuesta mucho tomar esta decisión y por eso respetamos al máximo su intimidad.

La hidroterapia de colon es una herramienta terapéutica, un ritual alrededor del cual hablamos con el paciente, valoramos y examinamos su salud, planificamos juntos algunos cambios y soluciones; después, seguimos en contacto, le mantenemos informado, le avisamos sobre los chequeos necesarios. Es una relación que empieza con la limpieza y nunca se termina. Siempre les digo a los nuevos pacientes «bienvenido al club», porque nadie desaparece para siempre. En general, no suelen llamar cuando se encuentran bien, pero algunos sí.

Tengo una paciente, P., con enfermedad de Crohn (inflamación crónica de la parte del colon con formación de úlceras profundas y episodios de sangrado). Empezamos a tratarla con mucho cuidado, y no ha sido nada fácil, pues yo me cargaba con mucha responsabilidad y atención al aceptar tratar unos intestinos tan inflamados; sin embargo ya llevamos tres años en fase de mantenimiento con una clara remisión de su enfermedad. P. se encuentra bien, realmente bien, y vive como una persona normal sin limitaciones ni miedos.

Cada vez que ella me llama, mi corazón da un vuelco, por si lo hace porque ha presentado un brote agudo, o si ha comenzado a sangrar. Pero P. llama solo para decir que está bien y nada más, o para preguntar si ya tiene que venir a hacer una revisión. Comparto con vosotros su testimonio:

> Tengo cincuenta y cuatro años. A los cuarenta y tres me diagnosticaron una enfermedad inflamatoria intestinal, denominada colitis ulcerosa. Es una enfermedad crónica, de etiología dudosa, que cursa en brotes y tiene periodos de remisión de los síntomas. Se producen úlceras en el colon y la enfermedad se manifiesta con dolores abdominales, diarrea con sangre en las heces, a veces con fiebre, y anemia con sensación general de cansancio y pérdida de fuerza para desarrollar una vida normal.
>
> Desde la aparición de la enfermedad he seguido un tratamiento de medicina tradicional, consistente en la ingesta diaria y permanente de determinados medicamentos, complementado, en las fases de actividad, por corticoides. El tratamiento

pareció inicialmente eficaz, tuve un periodo de inactividad, de aproximadamente un año, con remisión total de los síntomas. Pero enseguida, sin aparente causa justificada, aparecieron nuevos brotes de duración más prolongada, con los síntomas propios más agudos y cada vez más largos periodos de inactividad.

Hace tres años que me sometí a un primer tratamiento de hidroterapia de colon que combinaba una dieta rigurosa con múltiples suplementos naturales y varios ciclos de las irrigaciones intestinales suaves enriquecidos por las fórmulas magistrales de la doctora y además la administración concomitante de ozono; todo esto me produjo unos efectos notables y casi inmediatos. Desde entonces, prácticamente se me ha regularizado la función intestinal, me han desaparecido los dolores abdominales, y no he vuelto a sangrar con las deposiciones, he vuelto a disfrutar de una vida llena de energía, con una alimentación variada y la posibilidad de realizar diversos viajes. Estoy informada por la doctora y soy consciente de que, a pesar de sentirme bien, no podemos cancelar por completo mi tratamiento farmacológico principal, que está indicado para la colitis ulcerosa y que está prescrito por mi médico del aparato digestivo. Pero, coordinándonos entre todos, hemos conseguido bajar la dosis de mi medicación a la mitad, y ya desde hace años no uso los supositorios y no necesito los corticoides.

En todo este tiempo solo he tenido un pequeño brote, de corta duración y con síntomas muy leves, al parecer inducido por una infección vírica.

La hidroterapia de colon como vínculo emocional

La movilización y desintoxicación digestiva, más allá de la limpieza interna en sí, provoca una movilización emocional y energética. Según la medicina tradicional china, por el canal intestinal fluye energía negativa que tiene que salir y este debe mantenerse siempre abierto y limpio. Es un meridiano de los pensamientos negativos, miedos, rabias… Al mismo tiempo, el intestino es un lugar energético donde puede esconderse un trauma, una frustración, las memorias ocultas, los miedos ¡y hasta las fobias! Cuando lo «destapas», lo haces fluir y lo aclaras con agua purificada, es como si se tratase de un ritual profundo y emocional.

Debido a la confianza que el paciente deposita en ti, en esta situación de absoluta confidencialidad, ocurre la movilización del *hara*, del *chakra naval*, del *canal energético* o el *meridiano*, denominaciones que corresponden a diferentes culturas, esencialmente orientales. Muchos pacientes, durante la terapia, abren sus mentes y sus corazones y comienzan a hablar sobre temas muy personales. Parece que les ahoga la oleada de emociones no expresadas y ya no quieren mantenerlas y conservarlas en su interior. Al permitir que el agua fluya por sus entrañas sin poder controlarlo, es como si al mismo tiempo dejaran fluir sus emociones y su energía, sin represión alguna.

No a todos les sucede esto, por supuesto, y menos aún en la primera sesión. Durante la primera sesión de hidroterapia de colon, el paciente todavía no está familiarizado con la situación y las sensaciones. Durante el tratamiento, recibe mucha información nueva y con todo esto a algunos les cuesta relajarse desde el principio. Pero en las sesiones posteriores, cuando ya se siente confiado y conoce en qué consiste el procedimiento, cambia mucho su estado psicoemocional.

Con la movilización de la energía de su segundo cerebro y una purificación tan profunda, uno de repente puede pasar a ser un alma «desnuda» y vulnerable, con pensamientos y emociones desbordantes. Es muy gratificante en ese momento tener a alguien, médico y/o terapeuta, que le escuche. Por eso elegimos con mucho cuidado al personal terapéutico y les exigimos completar una formación adicional en psicoterapia y/o terapias energéticas. Se nota un alivio tremendo y, al mismo tiempo, una gran confusión por haber estado tan expuesto. Pero ya se ha generado un vínculo emocional que es esencial en todos estos procesos para una correcta relación médico-paciente.

Me acuerdo de una paciente, una conocida actriz que siempre aparece luminosa, feliz y sonriente. En un determinado momento rompió a llorar durante la sesión de hidroterapia y comenzó a hablar sobre la muerte reciente de su padre, ahogándose con una sensación de culpa. Hubo otro caso, un famoso actor de teatro, que comenzó a hablar sobre el odio a su hermana. Muchos repasan los recuerdos de la infancia y de sus relaciones personales, comparten sus frustraciones.

No soy la única que observa este tipo de reacciones; existen publicaciones en Estados Unidos relacionadas con estos temas. Por ejemplo, el doctor R. Anderson, de San Francisco, trabaja desde hace más de medio siglo con temas de desintoxicación corporal e hidroterapia de colon. Escribe en sus libros que los pacientes realizan un trabajo tremendo, psicológico y emocional, mientras se purifican. Según sus teorías, todos tenemos las llamadas «memorias celulares»: cada emoción fuerte es un rayo de energía que, por ser tan concentrado e impactante, deja una impresión electromagnética y se queda grabada dentro de nuestros tejidos biológicos; podemos guardar datos y recuerdos de la misma forma que lo hacemos usando los medios digitales; en este caso, la denominamos «memoria celular», es un depósito de la memoria en las mucosas digestivas.

Ya hemos hablado de que normalmente somos totalmente renovables, revestimos el tubo digestivo, descamamos las células y construimos unas nuevas; todo nuestro cuerpo actualiza sus tejidos poco a poco, cambiando sus «ladrillos» viejos por nuevos; nada es estático.

Sin embargo, si el intestino grueso está saturado y acumula mucosidades y antiguos residuos tóxicos, el proceso de la renovación celular y la descamación del epitelio muerto se desacelera hasta que se estanca; la mucosidad y las células acumuladas son como los archivos de una biblioteca antigua, que contienen mucha información para reciclar...

Al empezar un proceso de purificación se levanta esta capa de suciedad; estas grabaciones archivadas empiezan a reproducirse y a traer recuerdos guardados o casi olvidados; eso es lo que de repente se moviliza en el paciente; parece que «vuelve a escuchar» sus emociones y vuelve a vivirlas, pero de manera distinta, aprendiendo de ello. Según el doctor Anderson, es un proceso conmovedor, y es importante guiar profesionalmente al paciente; este puede descargar no solamente los residuos, sino la pesadez de las emociones no resueltas.

Yo quizás soy más conservadora. Me reservo y prefiero no opinar sobre las teorías tan *avant garde* o tal vez tan antiguas, pero de un campo más filosófico, aunque me parece muy interesante como concepto metafórico. De lo que no tengo duda alguna y coincido totalmente con el doctor Anderson es en que durante la hidroterapia de colon los pacientes se movilizan emocionalmente y eso les ayuda mucho en el proceso integrado de purificación.

Antes de publicar este libro, la editorial me pidió un respaldo con testimonio de «los famosos», es decir, testimonios de aquellos pacientes socialmente conocidos o importantes. Esto proporcionaría muy buenas credenciales a la prensa y al lector, ya que a la gente le encanta saber un poco más de la vida privada de las estrellas. Sin falsa modestia puedo confirmar que tengo muchos pacientes de los círculos artísticos de España, famosos e importantes, y también algunas eminencias y autoridades. Ellos se presentan a mi consulta tal cual, suponiendo que el nombre y apellido sobra para un trato especial. Como soy extranjera y no conozco a mucha gente ni estoy al tanto de la prensa rosa, por absoluto desconocimiento empiezo a tratarlos como simples mortales. Os digo que, al final de todo, les encanta ser normales, sin tratos especiales, ser naturales y sinceros.

Quisiera contaros una anécdota: hace unos tres años, una glamourosa estrella de la prensa rosa me llamó a mi móvil (¡ella personalmente!) presentándose con su nombre y haciendo una pausa larga para darme tiempo a que yo captara con quién estaba hablando. Yo, justo en ese momento, estaba trabajando sin mi asistente, sobrecargada con las consultas y las terapias, y no pude atenderla, así que le pedí que me llamara más tarde. Intentó comunicarse conmigo varias veces a lo largo del mismo día y al final la diva acabó gritándome que ella era muy famosa e importante y que no disponía de tiempo para esperar a que yo le diera cita. Fue un grito tan impresionante que incluso la paciente que tenía frente a mí pudo oírlo y empezó a gesticular dándome a entender que tenía que atender a aquella famosa de inmediato. Así lo hice. Luego me explicaron quién era y finalmente tuve el placer de conocerla y tratarla. Seguimos con una relación amistosa hasta el día de hoy y me alegra mucho haberle podido ayudar con su salud digestiva.

No puedo compartir con vosotros los nombres ni los testimonios; son muy íntimos y personales; prefiero seguir manteniendo esta isla de confidencialidad con los «destacados» y no forzarles a compartir sus experiencias con la prensa y el público en general. Apelo a vuestra intuición para que podáis disfrutar de mi libro y aprovechar de él todo lo positivo y útil sin referencias llamativas. Y desde este momento os lo agradezco.

JOSÉ ANTONIO HERNÁNDEZ MARTÍN

Senior Manager Healthcare & Life Science Advisory, Business Performance Services, KPMG Asesores

Mis problemas con la alimentación comenzaron cuando, al crecer profesionalmente, me vi metido en este «torbellino» laboral y todos mis hábitos alimenticios cambiaron: compaginaba días de comidas con clientes y colaboradores con otros en los que la exigencia en tener finalizado un trabajo no me permitía parar a comer. A esto se sumaba que, tras llegar a casa por las noches, las cenas se convertían en el momento de mayor tranquilidad y, por tanto, donde liberaba ese estrés a través de «devorar» todo lo que hubiera en el frigorífico.

En estos momentos estoy en un proceso de control de todo lo anterior, intento vivir o más bien convivir con el estrés, pero sin ver perjudicada mi vida personal presente y futura por cuestiones relacionadas con un sobrepeso. Para ello, la doctora Irina me ha ayudado, sobre todo desde el punto de vista de la motivación, a realizar un cambio en mi vida, la reeducación alimentaria, y además un reenfoque vital que me permitiera entender que mi día a día debía cambiar, y con ello mis hábitos alimentarios también.

La alimentación sana hoy en día es un tema de máxima actualidad y requiere un estudio personalizado y un tratamiento ajustado a las características de la persona que lo sufre. Es por esto por lo que he de agradecer a la autora que haya abordado mi problema, no solo desde el punto de vista de la alimentación sino de mi forma de vivir.

Capítulo X

LA MICROFLORA INTESTINAL. SUS MITOS Y REALIDADES

Los medios de comunicación nos envían permanentemente mensajes sobre la importancia de las defensas a nivel intestinal, insistiendo en que tenemos que beber y comer a diario varios yogures de diferentes marcas. Me parece que ese tipo de publicidad es de utilidad para una educación básica del público en general sobre el cuidado de la ecología intestinal, aunque las promesas de los anuncios que, obviamente, persiguen sus objetivos comerciales pueden resultar exageradas.

A mucha gente no le queda claro todavía el significado del término *microflora intestinal* y menos aún de palabras tales como *probióticos* y *prebióticos.* Sin embargo, a muchos les queda grabada la información de la televisión, «que si bebo un yogur prometedor al día tendré más defensas inmunológicas, controlaré el colesterol, o tal vez solucionaré mis problemas de estreñimiento». La intención es muy buena y tomarlos todos a diario también es bueno para una persona sana y equilibrada; pero si los trastornos y los problemas digestivos persisten, no es una solución adecuada y mucho menos suficiente.

En la consulta suelo escuchar:

- Tomo Actimel todos los días para mis defensas, entonces ¿por qué estoy resfriado tan frecuentemente? ¡Este invierno me mata!
- Al tomar Actimel mi hijo mejoró mucho.
- ¿Para qué voy a tomar las pastillas para el colesterol? Tomo solamente Danacol.
- ¡Tomo dos o tres yogures al día y sigo estreñida!
- El médico de cabecera me ha dicho que tengo colesterol alto y me ha prescrito Danacol.
- Sé que tengo osteoporosis, pero tomo yogur Densia para mis huesos. No quiero tomar calcio.
- Sé que el yogur es bueno, pero me da acidez, me sienta mal, no sé qué hacer.
- La leche con calcio y con Omega 3 protege mi corazón; no me hace falta nada más.

Aquí observamos un error común: todos estos alimentos funcionales (los alimentos que tienen algunos principios activos añadidos y por eso poseen mejores aportes nutricionales), tipo yogures y otros productos lácteos fermentados (o vegetales), forman parte de una nutrición sana y equilibrada. Tomándolos regularmente, ayudan a mantener la salud y a prevenir los problemas de la ecología intestinal, pero no producen cura alguna por sí mismos ni tampoco sustituyen a los tratamientos médicos principales. Tenemos que recuperar y fortalecer en primer lugar el equilibrio bacteriano interno y después mantenerlo con los alimentos funcionales.

¿A qué llamamos microflora intestinal?

Llamamos *microflora intestinal* a un zoológico propio. Se trata de un universo de diversas bacterias, virus, hongos, levaduras y parásitos que pueden vivir dentro de nuestra tripa. Normalmente decimos que nuestra luz intestinal está destinada a ser un mundo de bacterias, pero algunas otras especies mencionadas pueden invadir el intestino y quedarse a vivir allí.

La microflora intestinal de un adulto contiene cientos de millones de bacterias diferenciadas en más de cuatrocientas cepas. Esta potente biomasa genera una intensa actividad metabólica en el colon e influye fuertemente en la fisiología de su huésped. Cada bacteria tiene el tamaño de una célula y son tan numerosas que constituyen un 40-50 por ciento del peso de las heces.

Tus heces son un acúmulo de las bacterias muertas. Las expulsadas por la «autoridad correspondiente» son aquellas que no han podido justificar su permanencia prolongada en las tripas y encontrar un lugar dentro para quedarse.

Nuestro cuerpo es un conjunto de billones de células; piensa que la cantidad total de las bacterias/células que alberga nuestro colon es diez veces mayor y más concentrada que las de todo el cuerpo. Es un hervidero poderoso; son muchas, son importantes y no podemos ignorarlas.

Un universo dentro de las tripas

Somos humanos del planeta Tierra. En comparación con el tamaño del universo, con nuestro sistema solar y con nuestro globo azul, somos menos que hormigas; somos como células pequeñas: bacterias.

Desde la perspectiva espacial no somos importantes ni tampoco visibles; las leyes espaciales y la «actitud» universal siguen su camino, y en cualquier momento podemos destruirnos todos y trasformarnos en polvo espacial por la simple caída de un gran meteorito o por el efecto de la radiación solar; podemos imaginarnos también una invasión extraterrestre o el no menos famoso Apocalipsis.

Pero no somos seres pasivos; sí pequeños y casi miserables para uno que mira desde otro planeta. No obstante, poco a poco, gota a gota, nosotros influimos en el propio universo: enviamos naves espaciales, estaciones de observación, destruimos la capa de ozono, contaminamos la Tierra, promovemos el calentamiento global, las epidemias, somos maestros en las inundaciones y las sequías… Si el planeta Tierra no se encuentra bien, sino que está trastornado, sufre desequilibrios en su ecología y sus microscópicos y múltiples habitantes perjudican su salud, todo esto llega a influir de alguna manera en el propio universo.

¿Adónde quiero llegar? Me parece que esta forma de comparar los procesos universales puede resultar más comprensible y apreciada por el lector.

Somos los portadores del espacio para múltiples bacterias; sin embargo ellas no nos importan en absoluto y con el nivel de nuestro desarrollo y nuestros problemas diarios «no significan nada». Podemos destruirlas en un instante con antibióticos, borrarlas a través de una diarrea profusa, y las podemos dañar con los fármacos y con las toxinas. ¡Vamos, que somos un universo con leyes y decisiones frecuentemente fatales para las bacterias!

Pero estos numerosos habitantes de nuestro colon, a los que llamamos «la microflora intestinal», saben bien cómo influir en su «planeta». Pueden ir por ahí siendo muy de Greenpeace y ecológicos, aportando las vitaminas y nutrientes, aumentando las defensas, mejorando la digestión y toda nuestra salud. O pueden ser unos inconscientes e ignorantes (¿captas con quiénes los comparo?) y provocar guerras, hallarse dominados por aquellos más invasores y con espíritu agresivo, provocando una alta contaminación a través de las toxinas y los gases y de este modo llegando a estropear seriamente el estado de su huésped.

Son muy parecidos a nosotros, ¿verdad? Solamente que de otro calibre. Cada bacteria tiene que comer y eliminar, compite por la comida, lucha por su sitio (la casa), y está obligada a seguir las leyes sociales de convivencia.

Una microflora intestinal equilibrada (una ecología interna sana) es un conjunto de bacterias predominantemente «buenas», casi vegetarianas y altamente conscientes de su medio ambiente. Estas bacterias mantienen unas relaciones amistosas y muy diplomáticas con nuestra mucosa intestinal. Es un ecosistema altamente integrado e inteligente con múltiples interrelaciones, tanto entre ellos como con nuestro cuerpo. Entre los muchos beneficios que nos proporciona una microflora intestinal sana, el más importante es nutrir los enterocitos (las células del intestino) y ayudar a construir una respuesta inmunológica local para las defensas del cuerpo humano.

Una microflora intestinal desequilibrada (se llama disbiosis) es un crecimiento de las bacterias «malas» que se atacan tanto unas a otras como a nuestras células del colon, produciendo una gran irritación y generando un proceso inflamatorio localmente. Estas cepas son carnívoras, prefieren las proteínas, los subproductos de su vida desordenada son muy tóxicos y dañinos para el huésped; ellas provocan la putrefacción de los residuos proteicos y las mutaciones celulares del colon.

La disbiosis también puede estar provocada por las cepas micóticas (hongos), como las cándidas, hongos levaduriformes... Aquellos «bichos» son aficionados a los dulces y a los hidratos de carbono en general, que ellos «devoran». Así producen una fermentación inmediata de los azúcares y generan la formación de gases en cantidades industriales.

En su desequilibrio extremo, la microflora intestinal puede transformarse en una biomasa invasora y agresiva que promueve el desarrollo de las enfermedades digestivas, el crecimiento y desarrollo de los pólipos, el cáncer de colon y la toxemia corporal en general.

La formación de la microflora intestinal

Todo aquello que crece en nuestras tripas ha entrado por la boca desde el primer día de nuestro nacimiento.

El desarrollo normal de la microflora intestinal durante la infancia puede dividirse en cuatro diferentes fases muy importantes, que hay que controlar y corregir a tiempo:

- La adquisición inicial de microorganismos en el momento del parto.
- La época de la lactancia.
- El inicio de la alimentación complementaria.
- El inicio de la dieta del adulto.

Las bacterias de la microflora intestinal no están circulando en todas las porciones del tubo digestivo. En el estómago sano, por ejemplo, casi no se detecta la presencia de las bacterias debido a su ambiente altamente ácido (pH 1). Una cantidad muy limitada de los microorganismos consigue sobrevivir después de entrar en contacto con el líquido estomacal extremamente ácido y poder pasar a la siguiente porción que se llama duodeno. El duodeno tiene un medioambiente más «agradable» y neutro (pH alrededor de 7), pero las bacterias no tienen mucho tiempo para la relajación y la reproducción, pues son atacadas rápidamente por la bilis y los jugos pancreáticos.

A pesar de los permanentes ataques de las enzimas, existen algunas cepas microbianas más resistentes que consiguen sobrevivir en el intestino delgado y llegan hasta el colon, pero son pocas y, en este proceso de avance a través de ambientes tan hostiles, no pueden llegar a multiplicarse ni tampoco a adquirir las fuerzas necesarias para influir en el ambiente.

Para poder mantener las proporciones bacterianas adecuadas en el colon se deben enviar hasta el mismo colon las «divisiones especiales»: las bacterias buenas seleccionadas y entrenadas para resistir en situaciones extremas con la misión de llegar a su destino final y sobrevivir, por lo menos algunas. Además, se debe hacer de forma continua y en grupos reforzados. Estas divisiones se llaman «probióticos», y la misión es introducirlos en las dosis terapéuticas (suplementos especiales). El probiótico es un mensajero que promueve la vida. Se trata de una comunidad de seres vivos (contiene cepas de bacterias vivas) que pueden morir o no en el camino.

¿Te puedes imaginar ahora un yogur o una bebida láctea fermentada tan prometedores y provechosos para la salud? ¿Qué probabilidades tiene este trabajador civil e inofensivo de llegar sano y entero al colon? El yogur también es un probiótico, pero no contiene dosis altas de bacterias ni las concentraciones terapéuticas necesarias, sino preventivas y equilibradas para poder llegar a mantener el equilibrio ya conseguido. ¿Entendemos ahora la diferencia?

Clasificación «social» de las bacterias

Vamos a complicar un poco más el tema.

El «estado microbiano» inteligente que tenemos dentro de las entrañas tiene sus reglas y sus divisiones sociales:

Las familias de las bacterias dominantes: son los residentes permanentes, con sus derechos y privilegios sociales, que poseen sus propiedades —«las fincas»—, que corresponden a trozos o porciones de nuestra mucosa intestinal. Estas bacterias viven pegadas íntimamente a nuestras células a través de una capa densa de moco, que producimos nosotros mismos y que sirve como nicho o lugar de contención para esta colonización microbiana.

Esta capa de moco está constituida por un gel «inteligente» formado por la interacción de mucinas o glicoproteínas y péptidos secretados por las células caliciformes del epitelio. Es un espacio interlocutor que funciona como un ordenador moderno construido por cristales líquidos y nos aporta información inmunológica y energética.

Las bacterias dominantes son unas elegidas y privilegiadas que se alojan en el propio moco en el fondo de las criptas del intestino y aprovechan los beneficios de esta convivencia (si son nobles y de buen origen). En realidad, nosotros aprovechamos aún más las bacterias: nuestras células intestinales las utilizan para todo aquello que puedan necesitar. Es una simbiosis inteligente que les ayuda a vivir bien y, a su vez, no pueden estar el uno sin el otro.

Otro gran grupo está formado por las bacterias subdominantes: están algo reprimidas y son utilizadas por el primer grupo. No tienen tanta influencia social ni lugares preferentes, aunque tienen su residencia estable para poder permanecer durante una estancia larga y colaboran con los grupos dominantes y con nuestra mucosa (de nuevo, si son del grupo de los «buenos»).

Estos dos grupos forman la parte «fija» y predominante que define si la ecología de su dueño será buena o mala.

Entonces, nuestro yogur, un solitario y optimista como el mismo don Quijote, tiene que llegar «al pueblo» y ser aceptado. Si no consigue demostrar «su nobleza» para ocupar un lugar en la cripta intestinal, ni posicionarse en los grupos sociales subdominantes, será clasificado como *las bacterias en tránsito.*

Las bacterias en tránsito son la mayoría de las bacterias, tanto en su variedad como en su concentración, que constituyen la parte más dinámica de la microflora y ecología intestinales. Se promueven progresivamente por la luz intestinal mezcladas con los restos alimentarios: se alimentan, interactúan, producen algunas cosas buenas o malas para «su vehículo» y llegan a ser expulsadas en forma de heces, representando, en ocasiones, la mitad de su peso y de su consistencia.

La mayoría de los yogures y otros productos fermentados que contienen bacterias buenas y vivas van a llegar a convertirse en las bacterias en tránsito. Son como los turistas, que llegan al colon para pasear, «disfrutar» del ambiente local y luego salir. No obstante, a pesar de estar de visita, estas bacterias influyen en la sociedad bacteriana fija y en la salud intestinal en general. Este «turismo» es beneficioso para nuestro colon, pero a corto plazo. Las bacterias en tránsito aportan propiedades energéticas y combustibles, ayudan a terminar procesos digestivos... Por eso es tan recomendable comer productos probióticos a diario.

Como ya te puedes imaginar, si la población permanente y preferente de tu intestino es mala y en lugar de ayudarte te ataca continuamente, te baja las defensas, te «inyecta» toxinas y te inflama, las bacterias en tránsito tendrán pocas posibilidades de hacer algo notablemente bueno. Si tienes disbiosis, hay que tratarla adecuadamente ¡y no solamente con un yogur al día! Después, debes mantener el equilibrio ecológico por medio de una correcta alimentación funcional.

La distribución de los microorganismos por las diferentes regiones o zonas del colon varía en concentración y composición. La mayor cantidad de bacterias reside en el ciego, donde el tránsito es más lento.

Es normal tener bacterias dentro. No es agradable ni suena fino, pero es imprescindible. Por eso estamos diseñados para que el intestino grueso reúna las condiciones para ser fecundamente colonizado: una relativa deshidratación con disminución del efecto de lavado, una baja peristalsis (movimientos musculares del intestino), un pH próximo a la normalidad y una gran producción de moco facilitan la adhesión y la nutrición de las bacterias.

Los experimentos científicos nos demuestran que, en casos de colon estéril, el cuerpo desarrolla fácilmente cuadros de alergias graves, disminución de las defensas inmunes y la aparición de las intolerancias alimentarias.

Si no podemos vivir sin esta diversa y enorme cantidad de bichos, es mejor colaborar con ellos y entender este mundo de nuestras entrañas.

Está claro que a lo largo de la vida las bacterias colonizan nuestro intestino entrando por la boca; es un proceso inevitable; por eso tenemos que controlar la calidad de «los alojados» y protegernos de cualquier daño que nos puedan provocar.

¿Por qué las bacterias buenas de nuestra microflora intestinal son tan importantes e imprescindibles para nuestra vida?

¿Qué nos aportan? ¿Por qué las necesitamos? Os daré solamente algunos ejemplos de las funciones de esta biomasa que habita en nuestras entrañas:

1. Las bacterias anaeróbicas del colon son responsables de metabolizar los carbohidratos y las proteínas ingeridas con la dieta mediante un proceso de fermentación, que origina ácidos grasos de cadena corta (como el ácido butírico). Estos constituyen la principal fuente de energía de los colonocitos y tienen efectos tróficos sobre el epitelio intestinal. Gracias a estas bacterias, nuestras células digestivas tienen comida, pueden regenerarse y controlar su crecimiento.

2. La producción de ácido acético y propiónico interviene en la regulación del metabolismo hepático de la glucosa, reduce la glucemia posprandial (después de las ingestas) y la respuesta insulínica. ¿Quién iba a pensar que la calidad de nuestro contenido intestinal influiría directamente en el metabolismo de la glucosa? Esto es importante en personas con diabetes, sobrepeso, obesidad y múltiples trastornos metabólicos y hormonales. El equilibrio intestinal bacteriano ayuda a controlar los niveles de glucosa, insulina y grasa.

3. La fermentación de los hidratos de carbono puede favorecer la absorción de iones en el colon ciego, especialmente de calcio, magnesio y hierro. Vemos que aquellos que padecen anemia ferropénica (por falta del hierro), osteoporosis (la densidad disminuida de los huesos por falta de calcio), trastornos de la memoria y del sistema nervioso, que siempre reciben indicaciones

de tomar un suplemento de hierro, calcio y magnesio (a cada grupo lo suyo), pueden aumentar los propios recursos de estos minerales estimulando su tránsito en el colon y en su porción del ciego, y cuidando la ecología interna.

4. La flora intestinal puede sintetizar biotina (vitamina B7), ácido fólico, otras vitaminas del grupo B y vitaminas K y E. Estos constituyen nutrientes esenciales e importantes.

5. La flora intestinal transforma los ácidos biliares y el colesterol en una gran cantidad de metabolitos. La conversión de colesterol en coprostanol contribuye al descenso del colesterol total en la sangre. El 80 por ciento de las personas con hipercolesterolemia afirman tener algunos síntomas como estreñimiento crónico o transitorio, presencia de gases, digestiones pesadas u otro tipo de problemas digestivos. Todo esto, inevitablemente, les lleva al desarrollo de una disbiosis importante. Tengo cientos de casos clínicos de ayuda en la mejoría del control de la hipercolesterolemia a través de una correcta regulación de la microflora intestinal acelerando el tránsito biliar y fecal.

6. La flora microbiana del tubo digestivo tiene importantes funciones sobre la proliferación y diferenciación del epitelio intestinal. Las bacterias que viven en cercanía íntima con las células de nuestro intestino pueden proporcionarles la información correcta para un control estricto sobre su crecimiento y reproducción. La central genética está funcionando bien, sin anomalías ni mutaciones. Si las células intestinales están expuestas a las toxinas de las bacterias proteolíticas y a las agresiones permanentes de las bacterias malas, pueden desencadenar la proliferación descontrolada de las células, induciendo la formación de los pólipos (en algunos casos pueden ser lesiones precancerosas), que, con el tiempo, se transforman en una displasia y pueden llegar a desencadenar un cáncer de colon.

7. La microflora intestinal normal es el estímulo endógeno (que nos induce una inmunización suave y continua desde nuestro interior, una formación de la respuesta inmune y de la defensa a través del desarrollo de la propia microflora intestinal y con cambios de las cepas) de mayor importancia para el desarrollo y la maduración del sistema inmune normal, tanto en su respuesta sistémica (la defensa general del cuerpo contra todas las infecciones externas) como local (en las mucosas). La mucosa intestinal incluye todas las especies de células inmunocompetentes que están diseminadas a lo largo de todo el intestino, en el epitelio, y a veces agrupadas en forma de agregados a nivel de los folículos linfáticos. Las bacterias buenas entrenan a nuestro sistema inmune para defenderse, le ayudan a formar y mantener la memoria inmunológica, compiten con las bacterias patológicas y dañinas por la comida y el lugar, y también nutren a las células de la defensa local. Todo esto se puede perder y, si las bacterias residentes dominantes y predominantes no son amistosas, la persona empezará a padecer infecciones frecuentes y, en lugar de aumentar las defensas inmunes, se agotan nuestros recursos locales.

Y ¿cómo saber si en mi tripa tengo bacterias buenas o malas?

¿Cómo voy a saber si sobreviven los buenos? Por las referencias y los síntomas de cómo te habla la tripa. Da igual si la disbiosis corresponde a la causa original y desencadenante o aparece como consecuencia de alguna agresión externa. Los síntomas de este peligroso malestar tendrán muchas caras: el meteorismo, la hinchazón, los gases y las heces muy malolientes y oscuras, el estreñimiento, el desarrollo de un colon irritable, los divertículos, los pólipos, la enfermedad de Crohn, el cáncer de colon...

El déficit inmunitario primario o secundario, la malnutrición y de forma general todas las enfermedades debilitantes agudas o crónicas pueden ocasionar una ruptura del equilibrio del ecosistema intestinal. Si tienes algo que ver con alguna de las afecciones mencionadas en la lista, hay que trabajar muy seriamente en revestir tu tubo adecuadamente por dentro. Si estás bien, sano, con un correcto tránsito diario, puedes perfectamente mantenerte con la alimentación, tal cual te prometen los anuncios. También puedo decirte que si estás bajo una situación de estrés, presentas un resfriado o tienes necesidad de tomar antiinflamatorios o antibióticos, aunque sea por un corto periodo de tiempo, ayuda a tu tripa a recuperar su equilibrio posterior.

Una causa muy frecuente por la cual empiezas a cultivar los bichos malos y agresivos en tu huerto de las entrañas es la presencia de un tránsito lento. Todo el trayecto a través de nuestro sistema digestivo, desde la boca hasta el ano, que recorren normalmente los alimentos, nutrientes y finalmente aquellos elementos que constituirán los residuos se prolonga unas treinta y seis horas. Cuando el tránsito se encuentra más lento o retrasado (y en muchos casos medio atascado), esto permite a los distintos microorganismos multiplicarse tranquilamente, alojarse e influir en la fisiología del intestino grueso. Y como siempre los más brutos, agresivos y maleducados son los más rápidos y fuertes: irán ganando terreno e influencia.

Las bacterias pueden llegar a reproducirse a unos niveles tan considerablemente elevados que empiezan a dominar con sus funciones la actividad metabólica de todo el sistema. En lugar de un efecto positivo en activar las defensas y estimular los procesos de reparación, recibirás un regalo negativo como la producción de toxinas, inflamación, fermentación... Y ¿quién está ganando en tu tripa? La flora intestinal en ausencia de enfermedad y terapia antimicrobiana es normalmente estable. El recambio celular constante de la mucosa implica que, con la descamación celular en la luz intestinal, se pierdan constantemente las bacterias adheridas y se expongan de forma continua nuevas células de la superficie a ser colonizables, de modo que existe una competencia de las distintas poblaciones bacterianas por la adhesión. Es decir, unos de los grupos subdominantes pueden ser promovidos a los nobles y dominantes o unos del tránsito pueden captar ese lugar liberado y aposentarse durante un largo periodo. Hay que estar atentos, y hay que tener siempre algo «bueno» dentro de las heces que se mueva por la luz intestinal.

Los antibióticos y otros agentes antibacterianos, al igual que la quimioterapia y la radioterapia, son capaces de provocar importantes perturbaciones en la flora autóctona. El efecto de los antibióticos sobre la flora depende no solo de su espectro de acción o de su farmacología, sino también de la dosis, la frecuencia y la duración de su administración. Por otra parte, el tipo de huésped es importante: edad, estado fisiológico o patológico de la flora y cierta idiosincrasia individual a la alteración.

La alteración de la flora anaeróbica (más del 99 por ciento de las bacterias en el intestino son anaerobias, lo que significa que no necesitan oxígeno para vivir) provocada por la mayoría de los antibióticos da lugar a un sobrecrecimiento de las bacterias resistentes ya presentes en la luz intestinal. Estos agentes exógenos resistentes alcanzarán un umbral crítico de población, necesario para manifestar su virulencia, causando un proceso diarreico. Se produce un aumento de las cepas específicas de klebsiella, pseudomonas y organismos levaduriformes.

Después de un tratamiento antibiótico o quimioterápico, el intestino puede entrar en una lenta pero estable recuperación de la flora o, dependiendo del estado fisiológico y patológico de la persona, se puede generar una alteración y un desequilibrio de la flora intestinal de forma crónica con el inicio de procesos patológicos y tóxicos en la luz intestinal.

Para no desafiar a la suerte, yo recomendaría realizar un curso de tratamiento con pro y prebióticos justo al acabar el tratamiento con antibióticos, con una nutrición reforzada con alimentos funcionales.

En casos de tener necesidad de recibir una antibioticoterapia prolongada o una quimioterapia, es muy conveniente tomar simultáneamente bacterias buenas vivas (los probióticos), pero podrían resultar poco eficaces porque también serían destruidas por el tratamiento principal. A lo mejor no mueren de inmediato y podrían servir para algo bueno (como por ejemplo para nivelar el pH y nutrir a las células intestinales). Son como los kamikazes nipones: entrarán en batalla con misiones cortas y efectivas. Por eso, en tiempos de guerra, cuando hay que matar casi todo para eliminar lo malo, asumimos los riesgos y tomaremos los prebióticos, los nutrientes especiales y las bacterias a continuación.

Pero, para que todo quede claro, repasemos de nuevo los términos:

Los probióticos

Desde las tempranas observaciones de Ilia Metchnikov, los efectos beneficiosos de las bacterias ácido-lácticas (LAB) en la salud humana o animal ha interesado a los científicos. Hace casi un siglo, este premio Nobel estableció claramente que las bacterias no son necesariamente perjudiciales para el hombre; por el contrario, pueden jugar un importante papel en nuestro bienestar. De hecho, él fue el primero en recomendar la ingestión de cultivos vivos de microorganismos: el rol natural del LAB era prevenir la putrefacción. En su opinión, este efecto fue una causa indirecta de la prolongada expectativa de vida observada en las poblaciones caucásicas que consumían grandes cantidades de productos de leche fermentada.

Desde entonces, se ha llevado a cabo una considerable investigación en el campo de lo que ha llegado a conocerse como *probióticos.*

El término «probiótico» se refiere a los productos que contienen microorganismos vivos que sobreviven al paso por el tracto gastrointestinal y tienen efectos beneficiosos en el huésped (Fuller, 1991). Los alimentos probióticos ejercen beneficios en la salud del consumidor que van más allá de su utilidad asociada a su contenido en energía y nutrientes.

Entre los efectos que mencionan científicos muy diversos acerca del yogur con gérmenes vivos o probiótico cabe señalar los siguientes:

- Mejora la diarrea de diversa etiología.
- Disminuye la intolerancia a la lactosa.
- Mejora el ecosistema intestinal.
- Mantiene el equilibrio bacteriano.
- Modula la respuesta inmune.
- Mejora la respuesta antibacteriana.
- Protege frente al cáncer.

La administración de probióticos a los recién nacidos o a los adultos condiciona cambios en el perfil microbiano y la actividad metabólica de las heces. Incluso admitiendo que los cambios que se producen sean pequeños, cuando se aplican a situaciones patológicas, con frecuencia son suficientes para alterar beneficiosamente el curso de la enfermedad.

Las situaciones de la administración de probióticos condicionan un incremento en la cantidad de bifidobacterias y lactobacilos en las heces, un descenso en el pH fecal, y una disminución en las actividades enzimáticas bacterianas que están asociadas con el desarrollo del cáncer de colon (Bezkorovainy, 2001; Capurso, 2005).

No hay evidencia de que los alimentos probióticos (como yogures) se adhieran a las células de la mucosa. Recordad que son turistas: son las bacterias en tránsito. Su acción beneficiosa ha sido explicada por su habilidad para interferir con la adherencia de los patógenos en las células de la mucosa intestinal. Ellos no pueden quedarse, pero tampoco permiten a los malos hacerlo. Aunque los probióticos atraviesan el intestino y se eliminan con las heces, producen los efectos deseados en la luz intestinal. Por ello, para obtener un beneficio continuo, los microorganismos beneficiosos deben ser ingeridos continuamente.

Los prebióticos

Son ingredientes de la comida no digeribles (principalmente fructo y galacto-oligosacáridos) que promueven selectivamente el crecimiento y la actividad de un número limitado de especies bacterianas «buenas». Los prebióticos representan una comida preferida para nuestras bacterias buenas, un recurso fácil y rico para el combustible. Es un nutriente imprescindible para mantener a nuestros amigos vivos y proporcionar salud digestiva. La alimentación es clave; no se puede favorecer la ecología equilibrada con los antibióticos, es obvio, pero tampoco con un abuso de las proteínas y comidas rápidas, refinadas y prefabricadas. Puedes tomar una cantidad enorme de yogures, pero todas estas bacterias, tanto las que normalmente te habitan como las de tránsito, quieren comer, y además los subproductos de sus metabolismos nutren tus células. Con hambre mueren: no son carnívoras, sino más bien vegetarianas.

Los prebióticos son carbohidratos no digeribles de fibra dietética que después de su tránsito por el intestino delgado llegan al colon prácticamente sin modificación alguna. El prebiótico más conocido es la inulina, que es una fibra que se encuentra en gran cantidad en la mayoría de las legumbres; las raíces; los tubérculos; muchas verduras, como los ajos, cebollas, alcachofas, coles; algunos cereales y frutos secos; las ciruelas pasas especialmente.

La inulina estimula el crecimiento de la microflora intestinal beneficiosa. Ello se debe a que atraviesa el estómago y el duodeno prácticamente sin sufrir cambios y alcanza el intestino delgado casi sin ser digerida. Aquí está disponible para ser metabolizada por algunos de los microorganismos intestinales, como las bifidobacterias y los lactobacilos, promoviendo su asentamiento y su desarrollo.

Capítulo XI

EL REFLUJO GASTROESOFÁGICO

Según los estudios epidemiológicos, el 15 por ciento de la población general española padece de reflujo gastroesofágico. Hablamos de casi siete millones de personas.

Sin duda, quien tiene el reflujo sufre. Es un malestar que aparece fácilmente después de comer y/o beber; el ardor (la pirosis: sensación de fuego ascendiendo en el pecho por detrás del esternón) te puede acompañar con el hambre o el estrés y la acidez te llena el esófago ante cualquier flexión del cuerpo. El malestar es muy desagradable e insistente, irrita y molesta mucho, lo deseamos apagar con lo que sea y, lógicamente, terminamos medicándonos.

Todos lo hemos experimentado alguna vez y sabemos lo mal que sienta; por eso creamos en el lenguaje común: «¡Qué acidez tengo!»; las palabras pueden ser ácidas y también hablamos de «las personas ácidas», y se entiende que son agrias, bruscas o groseras.

Los factores más comunes y obvios que aumentan la presión sobre el esfínter del esófago llegando a debilitar sus músculos y a afectar a su cierre adecuado son:

- Las comidas rápidas, abundantes, el abuso de los alimentos irritantes y acidificantes.
- El tabaquismo.
- La infección por la bacteria Helicobacter pylori.
- El consumo no adecuado de alcohol y de las bebidas gaseosas.
- El sobrepeso y la obesidad.
- El embarazo.
- El estreñimiento crónico, el meteorismo y las flatulencias.
- Un consumo frecuente de los medicamentos analgésicos y antiinflamatorios.
- Los trastornos del comportamiento alimentario (TCA): bulimia, comidas compulsivas con atracones...
- El estrés.
- Las intolerancias alimentarias.

Existen muchas personas que no entran en esta lista y también sufren del reflujo gástrico sin ninguna razón evidente. Hay que analizar sus historias y sus antecedentes con mucha atención para así poder encontrar el momento desencadenante.

A esto tenemos que añadirle un número elevado de pacientes cuyos síntomas son extraesofágicos (fuera de las regiones habituales del aparato digestivo), y que debido a eso, no terminan con un diagnóstico adecuado.

Es frecuente que se presenten con quejas referidas más al aparato respiratorio, infecciones respiratorias frecuentes, tos crónica, crisis de asma resistente a los tratamientos habituales, laringitis, disfonía, ronquido y erosiones faríngeas.

No es extraño confundir el reflujo con una crisis coronaria (la enfermedad grave de las arterias que alimentan al corazón). También son frecuentes las erosiones dentales y halitosis (mal aliento) de los pacientes que afirman tener un reflujo gastroesofágico crónico.

El reflujo es una cosa seria que tenemos que tomar en consideración e intentar arreglarlo bien. De hecho, por las complicaciones graves que provoca a largo plazo (lo veremos más adelante) y por falta de un diagnóstico precoz, se considera que la enfermedad por reflujo gastroesofágico es la causa de morbilidad digestiva más frecuente en la población. ¿Habéis pensado alguna vez que por el reflujo crónico mal tratado la gente se muere?

Os recuerdo que el esfínter gastroesofágico es una banda muscular posicionada en la entrada del estómago parecida a un puño que está permanentemente «en guardia»; es muy fuerte y muy inteligente, se abre solamente para promover el bolo alimenticio hacia abajo con un movimiento muscular corto, puntual y coordinado. Si te posicionas en una postura totalmente inversa, apoyando tu peso en la cabeza y con las piernas estiradas al cielo (como se dice comúnmente «hacer el pino»), y además intentas tragar algo de comida o bebida, o la propia saliva, el esófago y su esfínter harían igualmente su trabajo de forma correcta, generando la ola muscular hacia el estómago, sin que se produzca la regurgitación, es decir, sin que regrese el contenido al esófago. Pero obviamente si tu «puño» no se cierra bien, te «ahogarás» con el gusto ácido del zumo estomacal que enseguida saldrá por tus fosas nasales.

La enfermedad se desarrolla poco a poco y frecuentemente en edad joven. La acidez o el ardor aparecen esporádicamente y se alivia espontáneamente, sin medicación ni esfuerzo dietético; normalmente culpamos de este reflujo a unas comidas/bebidas abundantes o a un intenso estrés en particular. La mucosa del esófago sabe muy bien cómo recuperarse después de estas quemazones transitorias; se generan células nuevas y el malestar desaparece. En caso de que alguno de los factores de riesgo persistiera (mencionados anteriormente), el sistema digestivo va a aguantar mucho tiempo compensando los problemas. Pero es cierto que, con el tiempo, el esfínter irá perdiendo su fuerza y la coordinación de sus movimientos; las sensaciones de acidez y de ardor ocasionales pasarán a ser permanentes, acompañándote casi con cada comida.

Cuando uno ya presenta el reflujo de forma definitiva, no voy a mentir, es muy difícil de tratar, hay que combinar inteligentemente la medicación y la nutrición con suplementos y ejercicios, eliminando el factor principal de riesgo.

Con los años y sin tratamiento alguno, el reflujo leve puede transformarse en una enfermedad por reflujo gastroesofágico (ERGE). Un 20 por ciento de las personas con esta enfermedad desarrollan complicaciones graves (en España hablamos aproximadamente de un millón y medio de personas), como el esófago de Barrett (es un cambio precanceroso de las células del esófago); adenocarcinoma (cáncer) del esófago; estenosis, que es una falta de elasticidad del esófago que conlleva una disminución de su diámetro, que impide tragar adecuadamente; la hemorragia digestiva aguda o crónica y la ulceración.

No se puede simplemente ignorar el reflujo sin hacer nada, ya sea por las consecuencias que eso te trae, como por la calidad de vida que supone.

La enfermedad por reflujo gastroesofágico se puede tratar aplicando tratamientos medicinales de forma cíclica. Así se puede llegar a una remisión prolongada, sin brotes agudos y sin tener la necesidad de recibir medicación permanente de por vida.

La intervención quirúrgica a veces puede ser una solución radical y eficaz. Con una plástica especial, los cirujanos digestivos remodelan la zona del esfínter. Igual de imprescindible es realizar cambios en el estilo de vida y la alimentación, evitando la irritación de las mucosas y disminuyendo la presión sobre el «nuevo» esfínter.

¿Por qué tengo reflujo?

Para que encuentres la respuesta o por lo menos una pista, seguiré dándote más información para ir agregando piezas al rompecabezas.

Por un lado, encontramos los *factores que influyen directamente en el músculo del esfínter,* como los malos hábitos y conductas alimentarias:

- Falta de masticación adecuada.
- Comidas rápidas.
- Abuso de alcohol y de las bebidas gaseosas.
- Aerofagia (significa «comer aire», es un estado de deglución excesiva del aire; ocurre normalmente cuando hablamos mientras comemos, masticamos mal y comemos muy deprisa).
- Ansiedad y conducta compulsiva hacia la comida.
- Bulimia.
- Tabaquismo.

Obesidad, sobrepeso, embarazo, estreñimiento, meteorismo, flatulencias

¿Qué pueden tener en común estos estados aparentemente tan dispares? El espacio abdominal y el pélvico son limitados y los comparten muchos órganos; si un órgano o un tejido crece y aumenta su tamaño, los otros se verán afectados. El aumento de la presión dentro de la cámara abdominal es una consecuencia de esta «competición espacial», que genera, a su vez, una fuerza contra al estómago (posicionándolo casi totalmente horizontal), le empuja y aplana hacia el diafragma y, lógicamente, aumenta la presión sobre el esfínter del esófago. Esta es una razón muy habitual del reflujo gastroesofágico.

El útero creciente durante el embarazo tiene preferencia y derecho a su espacio. Por esta presión del órgano crecido, un «futboleo» ocasionado por los movimientos del bebé, más la influencia de las hormonas, puede desarrollarse un reflujo muy intenso y molesto. Las mujeres sufren y aguantan optando por no tomar los medicamentos para proteger a sus bebés. Frecuentemente el estreñimiento acompaña a este «buqué» de las sensaciones digestivas. El embarazo es una prueba de fuego para la mujer y para su sistema digestivo. Y después del parto le cuesta muchos esfuerzos y paciencia para recuperar el peso y corregir las funciones digestivas. Pero las mujeres lo hacen, y muy bien.

La barriga redonda que mira al mundo con su «gran cara», tapando totalmente el cinturón, es otro tema: se trata del sobrepeso o, más bien, la llamada obesidad abdominal. La grasa ocupa todo el espacio alrededor de los intestinos y el estómago, cubre el páncreas y los riñones, infiltra el hígado con grasa y empuja a la vejiga y a la próstata (o al útero y a los ovarios). Todo el mundo interior de la tripa está atrapado y ahogado en la densa grasa, y las funciones digestivas y cardiovasculares están alteradas por la alta presión existente dentro del abdomen. Dentro del cuerpo obeso el diafragma se encuentra muy elevado e «inflado» hacia el tórax, y el esfínter gastroesofágico sufre mucha presión y puede perder su fuerza.

En los casos de estreñimiento crónico, siendo la persona consciente de ello o no, uno está acumulando los residuos, las heces comprimidas y los gases en el intestino grueso (el colon). Este último es capaz de adaptarse, inflándose y aumentando su diámetro hasta 10-15 centímetros. Imaginad aquella «manguera» alojada en las tripas con una longitud que puede llegar hasta 2 metros y con este ancho...

El colon puede tener un recorrido muy extravagante repartiendo sus asas y sus pliegues entre «los vecinos». La motilidad (movimiento regular muscular) descoordinada provoca los espasmos de los músculos del colon, que aumenta a su vez la sensación de hinchazón y las flatulencias. La tensión dentro del abdomen y la presión sobre el estómago y el esfínter promoverán el reflujo.

Repito, el intestino estreñido y lleno de los residuos antiguos puede ser la razón del desarrollo de un reflujo gastroesofágico.

> C. acude a mi consulta para un tratamiento de hidroterapia de colon sin tener los malestares digestivos obvios. En realidad, ella viene por la insistencia de su médico y colega mío, casi como haciéndonos un favor.
>
> Es una mujer sana, vegetariana y deportista. Pero en ese momento ya llevaba varios meses de baja laboral por afonía. Es docente y su vida es hablar y enseñar. Los tratamientos convencionales no le devolvían la voz. Tomaba omeprazol y algún antiinflamatorio, y los médicos ya valoraban la necesidad de la prescripción de los corticoides.
>
> A ella no le interesaba mucho limpiar sus entrañas, pero la desesperación y la confianza en su médico la guiaron hacia mi despacho.

Durante la limpieza, C. descargó de su colon una cantidad alarmante de residuos retenidos, heces, gases, además de una enorme cantidad de lombrices. La pobre mujer estaba aterrorizada de descubrir su interior tan poco atractivo.

Con un estudio realizado posteriormente de sus intestinos (una colonoscopia virtual) se confirmó que C. tiene el intestino grueso demasiado largo (megacolon), ancho y tortuoso, no adecuado para su constitución y, a pesar de tener deposiciones de forma diaria, ella acumulaba muchos gases y residuos fecales en su tripa. Por otra parte, como practica deporte y sus músculos abdominales son muy fuertes, su tripa no le sobresalía ni se hinchaba demasiado. Sin embargo, la presión dentro del abdomen era tan alta que C. desarrolló un reflujo gastroesofágico muy avanzado (la debilidad del esfínter), aunque sin tener los síntomas clásicos de este malestar.

El ácido estomacal le subía y fluía por el esófago hasta su parte superior y llegaba a pasar a la laringe, afectando las cuerdas vocales, quemándolo todo.

La medicación le quitaba el ardor y la acidez, pero no por completo; como el esfínter no se cerraba bien, tampoco disminuía la presión sobre él, entonces, por las noches, el zumo estomacal dañaba todo el esófago hasta sus cuerdas vocales.

Curiosamente, en este caso, la descompresión y la descongestión abdominal conseguidos con la limpieza digestiva repercutieron en la afonía. El mantenimiento correcto de las funciones digestivas hizo volver al diafragma y al estómago de C. a su lugar anatómico normal, disminuyendo la presión sobre el esfínter gastroesofágico.

La recuperación de la voz de la docente ha sido completa.

Posteriormente, con los ejercicios y las posturas especiales, C. ha vuelto a controlar su salud y su vida sin presentar ningún episodio más de afonía.

Recuperar la voz quitando la caca es una historia curiosa, nunca se sabe por dónde te sorprenderá tu sistema digestivo, así que has de estar atento.

Es importante mencionar que el reflujo actuará de forma más agresiva (provocando daños abrasivos y profundos del esófago) si el nivel de la acidez del estómago se encuentra muy elevado.

¿Qué puede aumentar la acidez del estómago?

Infección con Helicobacter pylori

Es un «superbicho»: la bacteria que hasta ahora supera a muchas por su supervivencia y resistencia. La infección con Helicobacter pylori es muy frecuente, muy contagiosa y últimamente parece ser bastante resistente a los tratamientos.

Esta infección puede ser sintomática o asintomática (sin provocar molestias notables); se estima que más del 70 por ciento de las infecciones con el Helicobacter pylori son así, asintomáticas.

En ausencia de un tratamiento basado en los antibióticos, una infección por Helicobacter pylori persiste aparentemente durante toda la vida. El sistema inmune humano es incapaz de erradicarla. Afortunadamente, esta infección es fácil de diagnosticar. Si presentas un reflujo gástrico que persiste a pesar de la dieta y de los cambios necesarios en tus hábitos alimentarios, si tienes brotes agudos y frecuentes de acidez, sería conveniente hacer un estudio diagnóstico. No es un estudio complicado y tu médico de cabecera te lo puede prescribir. En general, la infección con Helicobacter pylori afecta a los jóvenes. También es cierto que la gente joven está más expuesta a contagiarse con esta infección: se trata de un tema tan común como compartir la bebida y la comida, bebiendo de la misma botella o comiendo con la misma cuchara; esto ya puede ser suficiente. ¡Por no hablar de los besos…!

Una vez diagnosticada, la infección con Helicobacter pylori tiene que erradicarse. Soy médico naturista. En muchos aspectos busco para el paciente una solución holística natural y con mínimos efectos secundarios. Pero con el tema del Helicobacter me mantengo con la postura del médico convencional y opto por un tratamiento con antibióticos. Prefiero primero erradicar este «superbicho» y de inmediato ir eliminando los efectos secundarios de los antibióticos; es decir, prescribo un tratamiento reforzado con probióticos, dieta y un drenaje hepático posterior.

Uso frecuente de los medicamentos analgésicos y antiinflamatorios

Es un tema muy complicado. Múltiples enfermedades crónicas degenerativas como la artritis reumatoide, la artrosis, la fibromialgia, el lumbago, la afección del nervio isquiático, distintos traumas, las migrañas y muchas otras atan literalmente el paciente a los antiinflamatorios no esteroidos (AINES). No se puede vivir con el dolor, es cierto. La gente que toma AINES es consciente de sus efectos secundarios y suelen combinarlos con omeprazol, suprimiendo la producción del ácido estomacal, lo cual es correcto.

Recordemos que tenemos una olla de *ácido asesino* en el centro de nuestro cuerpo, en el estómago, que nos hace digerir, y de la cual nosotros mismos tenemos una protección espectacular (cuando funciona). Las células del estómago son como unos soldados que forman unas densas filas y se cubren a sí mismos con un moco fuerte alcalino para defenderse de los ataques permanentes del ácido clorhídrico. Cada batalla tiene sus bajas. Todos los días algunos soldados mueren en la lucha y caen vencidos dentro de la sopa abrasiva. El pequeño agujero que se abre en el lugar de la célula muerta tiene que ser reparado inmediatamente. Y normalmente la reparación ocurre de este modo: los soldados vecinos reciben una señal de alerta y «cubren la brecha con sus cuerpos», produciendo aún más moco protector. La reparación es casi inmediata y está perfectamente coordinada.

Los responsables de esta alerta son las moléculas llamadas *prostaglandinas citoprotectoras (protectoras de las células).* Son los agentes que avisan y exigen la protección del forro estomacal. Curiosamente, además de las prostaglandinas del estómago, el cuerpo humano produce muchas otras prostaglandinas que le sirven para diferentes reacciones y funciones vitales, la mayoría de ellas son los mensajeros del dolor, avisan sobre los procesos inflamatorios y «generan» la sensación de dolor.

Los AINES bloquean la producción de las prostaglandinas en el cuerpo y por eso reducen el dolor. Sentimos un alivio porque los mensajeros del dolor están acallados (por un tiempo). Pero como los medicamentos no hacen la selección sobre qué prostaglandina bloquear, afectan a todas por igual.

¿Qué sucede en el estómago? Las células reparadoras no reciben el aviso sobre las brechas en las filas y el ácido entra y quema estos focos vulnerables. Como consecuencia, la mucosa del estómago se inflama (hasta puede tener ulceraciones) y aparece la sensación de ardor; si los daños se sitúan cerca del esfínter, la inflamación puede empeorar su función.

¿Qué hacer? Acompañar el tratamiento principal con «protectores del estómago» (grupo de medicamentos que controlan producción del ácido clorhídrico) es una solución clásica y absolutamente necesaria, aunque esto no protege totalmente, pero sin duda suprime la agresión ácida local. Los medicamentos de opción y del futuro son los antiinflamatorios selectivos, que bloquean el dolor sin afectar a las prostaglandinas citoprotectoras del estómago. Y ya están en el mercado. Y otro consejo: intentar hacer las pausas en el tratamiento, retirando los AINES por unos días. Se presume que el forro celular digestivo está revistiéndose, reparándose cada cuatro o cinco días. Una posibilidad a considerar puede ser ayudar a tu sistema digestivo a reparar estas averías realizando estas pausas cortas en el tratamiento. Repito que se trata de administrar tratamientos de forma cíclica con los AINES, pero no se puede interrumpir o retirar otro tipo de medicamentos (como los corticoides) sin consultar previamente con el médico.

Alimentos ácidos y acidificantes

Hay alimentos que por su estructura molecular y su forma de metabolizarse se transforman en ácidos y aumentan la acidez estomacal y corporal.

Normalmente el estómago controla la acidez entrante y la corrige reduciendo la propia, pero en los casos en que el estómago está inflamado (gastritis) o influido por alguna medicación, esa acidificación alimentaria puede desencadenar un reflujo más ardiente.

Los *alimentos ácidos,* como los cítricos y algunas frutas, los conocemos por el gusto. Sin embargo, no estamos familiarizados con *los alimentos acidificantes* (que no parecen ser ácidos, pero se transforman en ellos dentro del cuerpo), y son muchos: las carnes, la leche, los cereales, las grasas, frutas, el azúcar, productos de bollería, chocolate...

Estos alimentos están compuestos por los ácidos grasos, aminoácidos y otras moléculas de carga hidrogenada ácida, que se liberan durante el proceso complejo de la digestión. No significa que sean malos ni que haya que suprimirlos; muchos de ellos son esenciales. Lo que hay que aprender es a alternarlos con los alimentos y minerales alcalinos (verduras).

De este modo, estamos aprendiendo que el reflujo no se «calma» y la acidez no disminuye con un vaso de leche o con zumo de manzana, ni tampoco con un filete. Para frenar la acidez es mejor ingerir un alimento y/o suplemento que posea una carga alcalina. El zumo o batido o puré de verduras (apio, zanahoria, patatas nuevas, hinojo, perejil, alcachofa) serían opciones ideales; la crema de verdura también sería muy calmante.

Si nos estamos enfrentando a un cuadro de acidez aguda, se puede empezar simplemente con una pizca de soda o bicarbonato de sodio diluido en agua. Prueba a comer lentamente, masticando bien un plátano poco maduro, casi verde, beber agua mineral sin gas y del tiempo, en pequeños sorbos frecuentes. A veces ayuda también la leche vegetal de arroz o de avena.

Reflujo y ardor pueden desaparecer solamente al quitar los alimentos no deseados o mal tolerados. He visto muchos casos clínicos de este tipo:

> El café con leche en el desayuno es algo casi sagrado y muy tradicional, más aún cuando se desayuna fuera de casa, en algún bar.
>
> C. lo tomaba como todo el mundo, aunque siempre consideraba que el café es algo muy agresivo y fuerte, por lo que prefería diluirlo bien con mucha leche. El reflujo y la acidez por las mañanas le acompañaban al trabajo. Probó a pedirlo corto de

café y largo de leche, pero casi siempre terminaba con acidez. Probó grano natural, orgánico, tomándolo solo en casa; todos le daban el mismo tipo de malestar.

Condenó al café al exilio y optó por el té, y cada vez que saltaba a un cortado o a un café con leche terminaba con acidez.

Tiene intolerancia a la leche fresca, no solamente a la lactosa sino a sus diferentes componentes (aunque tolera algo mejor los lácteos fermentados). Al eliminar simplemente la leche de su dieta encontró plena paz con su reflujo y se olvidó de su acidez. Ahora toma café solo o americano sin presentar ni ardor ni malestar. Ha cambiado el concepto; el agresor y causante del reflujo era la leche, no el café.

Capítulo XII

EL HÍGADO Y LA VESÍCULA

Os confieso que, de todo el sistema digestivo, el hígado es mi favorito. Me fascina, cuanto más lo estudio y observo, más me sorprende por sus capacidades.

El hígado se puede comparar con una «central» de alta inteligencia que filtra, controla y limpia un litro y medio de sangre por minuto y procesa simultáneamente cerca de quinientas reacciones metabólicas bioquímicas de importancia vital. Algunos de estos procesos implican la división y la fracción de sustancias químicas (catabolismo); otros, la síntesis (anabolismo), sobre todo, de moléculas de proteínas.

El hígado es el procesador de los nutrientes del cuerpo.

Ya mencioné que el hígado actúa como una estación depuradora para la sangre. Su función es vital en la desintoxicación y excreción de una gran variedad de compuestos endógenos y exógenos. Es muy frágil y a la vez un superviviente; se regenera rápido y agradece mucho los cuidados; puede renacer de un trocito y funcionar con solo el 10 por ciento de su tejido sano (200 gramos de hígado sano o trasplantado ya salva una vida humana, aunque el órgano entero pesa unos 2 kilos y cuando se llena de sangre puede pesar hasta 3 kilos).

El hígado merece un libro aparte y sería un honor poder escribirlo algún día. Pero ahora mismo solamente vamos a repasar los términos y las bases de su funcionamiento.

Las propiedades regenerativas del hígado ya aparecen en la mitología griega.

Prometeo fue, sin duda, el titán más benefactor de la humanidad. Le robó al mismísimo Zeus el fuego de los dioses para regalarlo y distribuirlo entre los hombres. Zeus lo castigó encadenándole en las montañas del Cáucaso, donde un águila picoteaba todos los días el hígado del titán. Pero cada noche, el hígado de Prometeo volvía a regenerarse en la misma proporción que el águila devoraba durante el día. Su tortura prosiguió durante mucho tiempo hasta que finalmente fue liberado por Heracles.

Podemos encontrar muchas referencias tanto en la bibliografía moderna como en libros muy antiguos sobre la influencia del hígado en nuestro ánimo, nuestras emociones y en nuestro estado intelectual.

Según la medicina tradicional china (MTC), el hígado atesora «el alma»; es un fuego y está considerado más importante que el corazón. Se trata de un órgano lleno de energía y de poderes. El hígado lo administra todo, atempera las actividades mentales, y si este órgano no puede canalizar Qi (la energía vital) con fluidez y termina concentrándola en su interior, entonces la persona se manifestará con irritabilidad, insomnio, depresión, angustia, melancolía y duda. La flema se estanca y la mente se nubla. La vesícula, por su parte, gobierna la decisión, el coraje y la cobardía; si no funciona bien y si acumula una bilis densa, dominará a su portador una actitud temerosa. Por eso en la medicina china la depuración del hígado es la piedra principal de cualquier tratamiento y mantenimiento.

Hipócrates nos describía cuatro humores y uno de ellos era la bilis amarilla del hígado. Decía que cuando la bilis no fluía, se estancaba y se transformaba en una sustancia negra y espesa. La palabra *melancolía* significa «bilis negra» y afectaba notablemente a las digestiones y el ánimo, alterando el estado mental de la persona.

Existen expresiones tan divertidas como: «Estar lleno de bilis»; «Soltar bilis»; «Escupir bilis»; «Está lleno de bilis y con mala baba»; «Un comentario lleno de bilis negra...». Todas ellas hablan por sí mismas. Así, si te invade la ira y la rabia, tendrás sentimientos negativos y te irritará todo el mundo; y aunque tengas razón, no te olvides de tu hígado. Ayúdale y empuja un poco para que fluya bien tu bilis.

Limpiar el hígado es limpiar la mente, según afirman innumerables tratados de sabiduría mundial en el área de las medicinas tradicionales naturales, donde la limpieza hepática encuentra su lugar y se considera un paso terapéutico muy importante.

La tradición ancestral de las medicinas complementarias de drenar y limpiar el hígado y ayudar a que la bilis fluya la hemos perdido con el desarrollo de la medicina moderna, aunque últimamente observo un interés creciente en los médicos con respecto al tema.

Desgraciadamente, cuando una persona se encuentra con un cuadro de tristeza permanente, falta de entusiasmo y con un bajón emocional (es decir, melancolía), el médico le prescribe habitualmente un antidepresivo o un ansiolítico, que a su vez aumenta la saturación y congestión hepática.

Desde el punto de vista de la medicina integrativa, en los tratamientos de los trastornos anímicos, además de las medicaciones (si se consideran necesarias), se recomienda aplicar una dieta ligera y depurativa, infusiones de plantas medicinales hepáticas y realizar un drenaje hepático.

El hígado es el órgano más grande del cuerpo humano y está situado en la parte superior del abdomen, debajo del diafragma. Recibe la mayor parte de la sangre (85 por ciento) por la vena porta, que drena casi toda la sangre del intestino. Esto asegura que todo el alimento absorbido vaya directamente al hígado, donde puede ser almacenado para su utilización cuando sea necesario, y que todas las toxinas absorbidas en el intestino sean filtradas y desactivadas.

Las células del hígado, los hepatocitos, producen entre 500 y 1.500 mililitros de bilis diarias. La bilis es un líquido denso de color amarillo que circula desde los conductos (vasos o vías) biliares hasta el conducto hepático común. Luego se almacena en lo que conocemos como la vesícula biliar.

La vesícula biliar sirve como reservorio de la bilis secretada por el hígado, la cual es concentrada hasta su décima parte mediante la absorción de agua, por lo cual tiene una consistencia más espesa y color más oscuro. La bilis retenida en la vesícula puede formar un barro y condensar las arenillas y los cristales compuestos por las propias sales biliares. Con el tiempo, el barro puede convertirse en los cálculos (piedras) mineralizados.

Cuando comemos, la presencia de alimentos ingeridos en el sistema digestivo, especialmente las grasas, producen la contracción de la vesícula, gracias a su capa muscular, eliminando la bilis concentrada al duodeno.

Los ácidos biliares son moléculas-detergentes que solubilizan (emulsifican) todas las grasas provenientes de la dieta y facilitan su digestión y absorción. Sin bilis no podemos digerir las comidas grasas; eso nos produce la sensación de tener una digestión lenta y pesada, hinchazón y problemas de tránsito intestinal en ambos extremos del tubo digestivo.

Otro componente importante de la bilis es el colesterol, producido internamente en el hígado; lo necesitamos en cantidades sanas y lo utilizamos para varias funciones metabólicas y regenerativas. Los restos del colesterol y de los ácidos biliares que no hayan sido utilizados los eliminamos por las heces. Curiosamente, una parte de ellas volverán a ser reabsorbidas en el intestino y recicladas por el hígado.

En ocasiones, el colesterol interno, que nosotros producimos y después reabsorbemos y reciclamos, puede producir un ascenso de colesterol total en una analítica de sangre (a veces sin ninguna correlación con la dieta exterior y consumo de las grasas). En este caso, la prescripción relacionada solamente con recomendaciones dietéticas no va a dar resultados positivos: hace falta acelerar la eliminación del colesterol interno y modular su producción.

Si la bilis no se expulsa adecuadamente por disfunción de los músculos de la vesícula (la vesícula vaga y perezosa) o por otras razones, aparece la sedimentación, acumulación y congestión del hígado con bilis. Esto provoca que uno se sienta muy lleno después de comer, pesado, como «estancado» por dentro, hinchado y frecuentemente estreñido o con deposiciones que alternan entre cuadros de diarreas líquidas grasosas y malolientes y heces duras como de «cabra».

¿Qué puede causar la retención de bilis y los problemas de la vesícula?

Las causas más conocidas son:

- Hepatitis.
- Insuficiencia hepática.
- Comidas desordenadas, rápidas y carentes de nutrientes, fibras y grasas vegetales esenciales.
- Estrés crónico.
- Un consumo prolongado de paracetamol, anticonceptivos, medicamentos hormonales y otros fármacos.
- El abuso de alcohol y de café...

Cuando se habla de un «hígado graso» significa que las células del hígado están saturadas por grasa (es como un paté) y que las vías biliares delgadas que se encuentran dentro del hígado están llenas de bilis densa con una alta concentración de colesterol (interno y externo).

Acumulamos la grasa en el hígado por comer mal, el sobrepeso y la obesidad, la diabetes y los tratamientos hormonales prolongados; también por un reciclaje y asimilación del colesterol propio y los problemas de la vesícula. El hígado lleno de grasa no puede seguir adecuadamente con sus múltiples funciones vitales, y causa problemas de asimilación de los hidratos de carbono y de las grasas y empeora su función desintoxicante.

La limpieza y el drenaje hepático

El concepto de «limpiar» el hígado apunta a una activación suave de sus funciones excretorias con un propósito de eliminar la bilis antigua y retenida dentro de las vías biliares y conseguir una evacuación vesicular regular y completa. Es un proceso delicado que se puede hacer con plantas medicinales, suplementos, sales, aceites y determinados alimentos.

Con la limpieza hepática conseguimos los siguientes objetivos:

- En primer lugar, drenar de forma completa y eliminar lo que ya se encuentra acumulado (las toxinas, el colesterol y otras fracciones de las grasas).
- En segundo lugar, mantener el flujo de la bilis activo y la estimulación de la motilidad de la vesícula, adecuada a la alimentación.

¿Qué pasa durante el proceso de la desintoxicación y de la limpieza hepática?

Durante los días de «la preparación» y mediante una dieta y el uso de unos remedios naturales, los materiales tóxicos y grasosos hepáticos se suavizan y adquieren una consistencia más líquida (para poder ser expulsados posteriormente); las vías biliares se dilatan y se relajan.

Al acabar con la preparación, la vesícula y las vías hepáticas reciben un «estímulo» persistente, por el cual están obligadas a realizar unas contracciones musculares rápidas y fuertes, y a expulsar su contenido. Este proceso se realiza durante un día en ayunas y mediante la toma de ciertos aceites y sales minerales. Es un día de purga profunda e importante. No es fácil; uno se instala literalmente durante varias horas en el baño evacuando a menudo chorros de un líquido verdoso caliente y maloliente.

Esta «activación» digestiva puede cansar, puede irritar el ano y dar sensación de flojera. Es previsible, y por eso se recomienda realizar la limpieza hepática un día libre de otros compromisos y dedicar el tiempo casi exclusivamente a esto.

La bilis expulsada durante los días de la limpieza es muy densa, grasosa, y tiene una consistencia de una arcilla o mantequilla de color verde oscuro; al entrar en el intestino se aglutina (se endurece) y adquiere diversas formas redondas parecidas a piedras, las cuales tendrían que ser evacuadas y expulsadas en unas horas.

Siempre existe un riesgo de reciclaje y de reabsorción de esta toxicidad hepática movilizada, y además estas «piedras» son muy pegajosas y pesadas y suelen quedarse en el colon durante un rato; por eso es muy importante realizar un buen lavado intestinal (hidroterapia de colon como una medida óptima) posterior a la limpieza hepática.

A veces los pacientes observan en su retrete los múltiples acúmulos biliares verdes ¡y hasta les sacan fotos! Tengo en mi ordenador una galería de estas imágenes, preparada para una exposición artística, que sería muy original. Frecuentemente son arrastradas por la purga lombrices de todos los tamaños y espuma de grasa, como si fuera nata montada y mucha arena. Los pacientes, muy asombrados, sienten curiosidad por su contenido interior y «pescan» estas bolitas de bilis y las exponen en un plato de porcelana o un colador, comparándolas con una moneda de un euro u otro objeto (todo esto lo tengo documentado, pero de forma anónima, por supuesto); otros me dicen que los guardan en su nevera y quieren enseñármelos «al natural»... Pero yo insisto en que con traer las fotos me parece más que suficiente.

> J., treinta y cinco años. Trabajaba desde hacía más de diez años en un local que pertenece a una cadena de comidas rápidas especializada en hamburguesas y patatas fritas. Obviamente, ha sido su alimentación principal y no ha controlado las cantidades diarias durante los diez años. Por suerte, le echaron del trabajo: el muchacho ya presentaba una obesidad importante, colesterol alto y un sistema digestivo problemático.

> El «paro» le sirvió de gran ayuda. J. se convirtió en un fanático de las comidas sanas, las terapias naturales complementarias, y ya se ha realizado varios ciclos de desintoxicación corporal, incluyendo las limpiezas hepáticas.
>
> Asombrado por todos los cambios positivos, decidió hacer un homenaje a los años perdidos entre las hamburguesas, los refrescos y las patatas fritas: ha recogido todas sus «piedras» hepáticas, que, a decir verdad, han sido una cantidad enorme, y las ha incrustado literalmente dentro de la pared de su casa nueva, que está acabando de construir en el norte del país. Un cuerpo nuevo, una vida nueva, una casa nueva y los recuerdos «tóxicos» verdes, según comenta. ¿Cómo no sonreír al oír esto?

No solo se movilizan la bilis y la toxicidad, sino también la energía y las emociones. Las filosofías orientales tienen sus razones para apuntar al hígado como un centro de las emociones y las pasiones. Los pacientes «destapan» sus acúmulos de tristeza y de rabia; también se sienten muy sensibles y muy expresivos durante el día de la limpieza y varios días posteriores. Uno se pone a llorar sin razón aparente; otro, por fin, decide sacar todo lo que piensa... Es normal sentirse triste y perceptivo, más intuitivo, y comenzar a tener sueños más vívidos e intensos. Sin lugar a dudas, es de gran utilidad y ayuda poder compartir y comentar estos cambios con un psicoterapeuta profesional.

Repito, según las teorías energéticas, drenar el hígado significa realizar una movilización, purga y descarga emocional. Después de unas dos o tres semanas muchos de los pacientes comentan, en primer lugar, la mejoría de sus digestiones y un intenso bienestar emocional, aumento del positivismo, sensación de mayor vitalidad y, sinceramente, parecen estar más alegres.

Tras unos dos o tres días posteriores a la limpieza hepática, se recomienda realizar una hidroterapia de colon para asegurar la evacuación de toda la toxicidad hepática del colon que haya podido quedar.

Te aconsejo realizar tu primera limpieza hepática bajo supervisión profesional y, a partir de ahí, aprender a cuidar tu sistema digestivo y hacer ciclos anuales de desintoxicación (no muy frecuentes).

Un drenaje mal organizado puede promover partículas duras y mineralizadas por las vías biliares delgadas y provocar cólicos. Incluso se puede llegar a obturar el conducto biliar generando una situación extrema de tener que acudir a urgencias. Por otro lado, la descarga tóxica del hígado puede producir vómitos, dolores fuertes de cabeza, fiebre, debido a su rápida reabsorción en el intestino. Asegúrate de estar protegido de estas complicaciones y bien guiado.

En aquellos pacientes con antecedentes de cólicos biliares o nefríticos (renales), o antecedentes familiares de estos cuadros clínicos, considero imprescindible que se realicen una ecografía abdominal; esto ayuda a descartar (o confirmar) la presencia de piedras duras y calcificadas que no presenten ninguna posibilidad de fluir ni cambiar su forma al movilizarse por los conductos hepáticos; todo esto puede provocar un episodio de gran dolor y otras complicaciones.

También es importante revisar todas las posibles contraindicaciones con un profesional.

En estos últimos años, la limpieza hepática y de la vesícula biliar se ha puesto muy de «moda» y tengo cientos de pacientes que vienen a verme después de haberlo hecho mal, de forma incorrecta y apoyándose solamente en los libros de moda o en las referencias de internet. No es un procedimiento de aplicación frecuente y se trata de tu bienestar, tu salud. Preocúpate de realizar los primeros pasos con un asesoramiento adecuado; después ya lo aprenderás y lo podrás realizar tú solo. Te recuerdo que hay muchos remedios naturales y eficaces que los médicos naturistas utilizan para el hígado. Personaliza y busca el tuyo.

Recordad que la bilis también se expulsa adecuadamente con un correcto estímulo alimentario. Las plantas medicinales y los suplementos para activar el hígado deber ser ingeridos justo antes de cada comida principal o mientras comes.

Las referencias a los remedios naturales más conocidos para este proceso son: los extractos de diente de león (raíz), la alcachofa verde, el cardo mariano, la hoja del abedul, el apio (mejor la raíz), el rábano negro, la fumaria, cúrcuma, menta, romero, jengibre, tomillo, aceite de oliva virgen, zumo de limón y sulfato de magnesio.

Un pequeño y gran testimonio:

> A., treinta y cuatro años. Durante bastantes años (¡diecisiete!) de mi vida sufrí las consecuencias de una enfermedad de la que poco se sabe a pesar de estar bastante extendida en la sociedad: la bulimia. Estuve probando diferentes terapias y los avances fueron pocos; mi vida se volvió cada vez más ingobernable.
>
> Gracias a la terapia de limpieza de colon y la limpieza hepática, mi cuerpo y mi mente pudieron «alinearse». Ahora puedo entender que el conflicto con la alimentación nunca fue el verdadero problema de mi enfermedad. Necesitaba reconectarme con mi cuerpo y mi mente. Ahora puedo disfrutar y mantenerme sana y disfrutar de la comida.

DRENAJE HEPÁTICO
Días 1 a 5

Dieta:

SIN (no se puede comer/beber): carnes de vaca, cerdo, cordero, embutidos, leche de vaca, quesos curados y semicurados, nata, mantequilla, productos de bollería y pastelería, alimentos fritos, alcohol, helado, bebidas gaseosas, cerveza (tampoco 0 por ciento), comidas picantes, productos de harinas blancas (pan blanco, pastas), café.

CON (se puede comer/beber): pollo, pavo, huevo (uno al día), pescado blanco y pescado azul, marisco, quesos frescos, yogures naturales, pan integral, arroz, verduras, legumbres, patata, fruta, té e infusiones.

Modo de elaboración: crudo, al vapor, a la plancha, al horno, cremas, puré. No frito ni empanado.
Comer en pocas cantidades (150-200 gramos) cada cuatro horas, marcando cinco comidas al día.
Comer lento, masticar bien.
Beber 2 litros de los líquidos al día.
No consumir comidas y bebidas frías ni congeladas (hielo, helado).

Suplementos alimentarios y naturales (tomar cinco días seguidos):

1. Medio litro (500 mililitros) de zumo de manzana natural, sin azúcar ni conservantes (se puede comprar en los supermercados o en los herbolarios).

→

2. Zumo de apio (150 mililitros), equivale a cuatro ramas del apio fresco o dos dosificadores del zumo de apio concentrado que se vende en los herbolarios.
3. Sal de Epson (epsolina), sulfato de magnesio en polvo; tomar una cucharada sopera diluida en un vaso de agua, por la noche, antes de acostarse.

Día 6

8.00. En ayunas tomar una cucharada sopera de sal de Epson (epsolina) diluida en un vaso de agua a temperatura ambiente (250 mililitros).
8.30. Seguir en ayunas. Mezclar 150 mililitros de aceite de oliva virgen con el zumo exprimido de dos limones (para mezclarlo y batir bien se recomienda usar un frasco de vidrio con tapa), y beberlo todo rápido. Para quitar el gusto del aceite de la boca se puede tomar unos sorbos de agua caliente o infusión de menta.
Es recomendable volver a descansar (dormir) hasta las 10.00 (acostarse del lado derecho. Se recomienda utilizar una manta caliente —no demasiado— para la zona del hígado).
10.00. No comer: tomar una cucharada sopera de sal de Epson diluida en un vaso de agua (250 mililitros).
A partir de 10.30 se puede desayunar (si se quiere).
El resto del mismo día 6 seguir con la dieta (de los días 1-5).
22.00. Tomar un sobre (o una cucharada sopera) de plantago diluido en 300 mililitros de agua y seguir todos los días durante una semana.

→

- A partir del día 7, seguir con una alimentación sana y equilibrada y el ritmo de vida habitual.
- Es importante durante la semana siguiente (después del drenaje hepático) realizar una hidroterapia de colon para eliminar los residuos tóxicos biliares que quedan en el colon.

Capítulo XIII

ENVEJECIMIENTO Y DIGESTIÓN

Los cambios que produce el proceso de envejecimiento en el sistema digestivo son los siguientes:

- Debilitamiento de los tejidos conectivos (de soporte) con disminución de la elasticidad.
- Pérdida de fuerza y resistencia muscular.
- Reducción en la producción de las enzimas y hormonas digestivas.
- Trastornos de la motilidad intestinal...

Como ejemplo, os comento que las enfermedades digestivas más conocidas y relacionadas con la edad avanzada y la vejez son:

- Hernia de hiato.
- Diverticulosis intestinal.

- Gastritis atrófica crónica con una baja producción de ácido clorhídrico.
- Esofagitis...

Por supuesto que todo el cuerpo sufre cambios degenerativos con la edad. Los que más comúnmente se registran son, entre otros:

- En el aparato locomotor: artrosis con desgaste del cartílago, hernias discales, dolores neurológicos tipo isquiático.
- En el sistema nervioso central: trastornos cognitivos y de la memoria.
- Problemas inmunológicos con una disminución de las defensas.

Estoy segura de que algunos de vosotros padecéis de los malestares mencionados sin consideraros de ninguna manera personas de edad avanzada.

Indudablemente, factores tales como los traumatismos, los defectos genéticos, la mala nutrición y una mala digestión, la falta de control de peso y las enfermedades concomitantes aceleran los procesos degenerativos y con ellos la vejez del cuerpo.

No obstante, actualmente aparecen en la literatura médica referencias a que estas enfermedades y estos cambios degenerativos son muy comunes especialmente en las personas mayores de cincuenta años.

¡Pero cincuenta años no es una edad avanzada!, ¿verdad? No es justo hablar sobre la debilidad y casi la senilidad mientras mucha gente está viviendo la sexta década de la vida de forma muy activa social, física e intelectualmente. Es difícil de creer, pero el cuerpo puede tener distintas edades en su exterior y en su interior.

Nuestra sociedad «está envejeciendo»: el porcentaje de gente con una edad superior a setenta años aumenta seriamente. Esto, por un lado, nos remite a una mejor calidad de vida y un desarrollo social y, por otro lado, a una mayor presencia de personas que necesitan asistencia especializada, personas que sufren múltiples problemas de salud y están polimedicadas. Estaría bien que nuestra sociedad se preocupase de que esta población cada vez más longeva comprendiera cada vez más la importancia de los cuidados preventivos y utilizase más ampliamente las medicinas alternativas; eso les ayudaría a mantener su bienestar y calidad de vida sin abusar de fármacos y de las visitas a los médicos.

Me gustaría que dirigierais vuestra atención al envejecimiento precoz (vejez prematura), que es una realidad y lo observamos en muchas personas de edad relativamente joven.

Los procesos degenerativos de envejecimiento precoz se desencadenan cuando el «desgaste interno» de los sistemas vitales es muy profundo, cuando existe una disfunción celular y hormonal prolongada, cuando uno sufre deficiencias crónicas en los nutrientes esenciales debido a una mala nutrición, a una digestión alterada y a una absorción nutritiva limitada, y, por último y muy importante, cuando los niveles de la carga tóxica (toxemia interna o autointoxicación intestinal) y externa (químicos, fármacos, contaminantes…) superan las cantidades permitidas y la capacidad del cuerpo de desactivarlos y eliminarlos.

El envejecimiento precoz corresponde a un conjunto de cambios metabólicos, hormonales, inmunológicos y degenerativos; estos sistemas comienzan a lentificarse en su funcionamiento y se van apagando poco a poco.

Muchas personas después de los cincuenta (e incluso más jóvenes) notan la debilidad y el desgaste tisular y comienzan a ser diagnosticadas de hernia de hiato, hernias discales, reflujo, divertículos, artrosis, adenoma, pólipos, flacidez, hipotonía muscular...

Según Iliá Mechnikov, premio Nobel de Fisiología y Medicina en 1908, la fermentación pútrida en el intestino es la razón principal del envejecimiento precoz y de la muerte. Fue el introductor del empleo de los fermentos lácticos (yogures) como terapéutica para modificar la defensa del sistema inmune y para frenar los procesos de intoxicación corporal a través de los propios residuos. Mechnikov creyó haber encontrado en los microbios de la leche ácida la solución al problema del envejecimiento. Curiosamente, su teoría y sus descubrimientos siguen vigentes en la actualidad y coinciden con los descubrimientos de la medicina moderna.

El estreñimiento y la putrefacción proteica están vinculados al desarrollo del cáncer y a los procesos degenerativos sistémicos prematuros. Y es absolutamente cierto que el equilibrio digestivo aumenta las defensas y las funciones regenerativas del cuerpo, y todo esto está relacionado con la juventud.

Senectud celular

La biografía del doctor Alexis Carrel es difícil y compleja de abordar, debido a las diferentes expresiones de su personalidad, muy controvertidas en lo político y social. Premio Nobel en Fisiología y Medicina en 1912, hizo importantes aportaciones en el desarrollo de las ciencias básicas de la medicina y de la cirugía, realizó investigaciones en el campo de los trasplantes, cultivos de los tejidos, las teorías del envejecimiento y la muerte.

Carrel estuvo interesado en el fenómeno de la senectud (significa senilidad, edad muy avanzada) y el envejecimiento. Propugnó que todas las células podrían continuar creciendo, recuperándose y rejuveneciéndose indefinidamente. A comienzos del siglo XX esta perspectiva alcanzó gran popularidad. El doctor Carrel fue especialmente famoso por un experimento que realizó el 17 de enero de 1912. Para comprobar su teoría, colocó un trozo de corazón embrionario de pollo en un frasco especial y consiguió mantener el cultivo vivo ¡¡durante más de veinte años!! administrándole fuentes regulares de nutrición muy complejas y cuidando escrupulosamente la limpieza y la desintoxicación de las células de ese cultivo, cambiando su ambiente líquido y controlando todos los parámetros «ambientales». ¡¡¡Esto dio un resultado mucho más prolongado que la esperanza de vida normal de un pollo!!!

El experimento, que fue dirigido por el Instituto Rockefeller para la Investigación Médica, recibió una considerable atención científica y popular. Las aportaciones del doctor A. Carrel para comprender el fenómeno de la regeneración y el rejuvenecimiento, también en relación a la nutrición y a la desintoxicación, fueron decisivas en su momento. Según Carrel, el secreto de la «inmortalidad» de su cultivo experimental del corazón de pollo estaba en el mantenimiento estricto de los parámetros de los líquidos extracelulares. El suero donde se guardaba el cultivo vivo tenía proporciones adecuadas de compuestos altamente nutritivos, óptimos para las células y constantes; los productos tóxicos producidos por la propia combustión y la función de las células del cultivo eran eliminados todos los días y sustituidos por un suero nutritivo limpio. De esta forma, la clave consistía simplemente en administrar todo lo nutritivamente necesario y eliminar los residuos de manera regular y constante. Se dice que el cultivo del doctor Carrel dejó de funcionar, enfermó y murió cuando el ayudante de laboratorio se olvidó durante unos días de cambiar el líquido en el cual este trocito de pollo vivía casi eternamente...

El mensaje está claro, ¿verdad? Si mantenemos bien nuestro medioambiente interno (y con eso me refiero al campo digestivo) y lo nutrimos adecuadamente (es decir, le proporcionamos una alimentación equilibrada y una absorción digestiva productiva), tenemos una alta probabilidad de vivir una vida muy larga, activa, lúcida y sana.

Y, además, con todos los nuevos estudios sobre las células madre y los descubrimientos de la biotecnología, quizás en un futuro cercano podríamos recibir asistencia y «ser reparados» frente a cualquier problema o fallo sistémico. Pero para poder llegar a este momento glorioso de la medicina moderna hay que aprender desde ahora mismo a mantener y a nutrir muy bien nuestro cuerpo, cuidando especialmente su limpieza interior.

La edad puede ser reversible

¡La buena noticia es que muchos procesos involutivos del cuerpo humano son reversibles! El diseño humano es muy inteligente y casi perfecto, con una inmensa capacidad de regenerarse, curarse y actualizar todos sus programas si le proporcionamos las condiciones adecuadas.

Desde la más tierna infancia, cuando somos bebés, cada uno de nosotros se enfrenta a múltiples toxinas y a ciertos tipos de disfunciones celulares, y el cuerpo las corrige de inmediato. Con la edad, esta capacidad de corrección disminuye porque el «ataque» supera a las posibilidades de defensa; no hay equilibrio entre la acumulación y la descarga; es como si las toxinas (internas y externas) fueran entregadas a las células en «camiones» y, en cambio, el proceso de eliminación, limpieza y descarga desde las células se realiza con «furgonetas».

Si la célula está bien nutrida e hidratada y mantiene adecuadamente el proceso de eliminación y desactivación de las toxinas y de los radicales libres, podría llegar a ser casi inmortal o al menos «joven» y activa por mucho tiempo.

Una hernia de hiato o cualquier otro diagnóstico que suponga la debilidad y la degeneración de los tejidos es un aviso, una señal que te informa a través de tu cuerpo de que ya te toca luchar por ti mismo; es hora de hacerte más activo en la lucha, prestarle más atención a tu cuerpo desde ahora mismo y no en un futuro lejano y llegar a realizar los pasos necesarios para revertir y frenar tu desgaste prematuro.

La vida no se cambia de un día para otro y no hace falta realizar grandes sacrificios ni abandonar todo y retirarse al Tíbet o mudarse al campo. Pequeños compromisos orientados a la salud, media hora al día de espacio personal y de algún tipo de ritual relacionado con tu salud, ya es mucho, y podrás observar que tu cuerpo te lo irá agradeciendo.

¿Cómo empezar con tu tratamiento antiedad?

En la medicina integrada se trata a la persona y no a la enfermedad. Se consideran todos los aspectos y funciones del cuerpo humano y no se centra solamente en un órgano en particular. Como ejemplo, un paciente con un problema crónico recibirá el siguiente plan de tratamiento holístico e integrado:

1. *Una puesta a punto digestiva: limpieza y arreglo de «la tubería mayor».* A lo largo de todo este libro voy a repetir la im-

portancia de la desintoxicación digestiva. Para empezar tu camino hacia el rejuvenecimiento, la hidroterapia de colon y la limpieza hepática te darán un empuje de energía y te harán creer en tu recuperación y en una vitalidad prolongada.

2. *Un tratamiento dietético* estricto, que puede incluir terapias de ayunos o «medio» ayunos especiales, supervisados por un profesional. Desde mi punto de vista profesional, es un tema muy interesante poder aplicar distintas dietas y con eso mejorar el pH, regenerar las mucosas o limpiar y nutrir intensivamente los sistemas afectados.

3. *La limpieza de otros sistemas excretores* (además del digestivo, puesto que también eliminan las toxinas de nuestro cuerpo): urinario, linfático, respiratorio, tegumentario (piel). Esto se hace con remedios naturales variados: inhalaciones, saunas, curas locales, si hiciera falta, y una alimentación adecuada.

4. *Una suplementación amplia con nutrientes esenciales y alimentos funcionales*: son productos y remedios naturales que pueden reparar suavemente las funciones dañadas sin presentar efectos secundarios, y con el tiempo mejorar notablemente el bienestar. Estos tratamientos requieren paciencia, confianza y un buen seguimiento. Es una ayuda ofrecida directamente por la naturaleza; tomar estos remedios y alimentos se convierte en un ritual, un hábito diario y, con el tiempo, en un estilo de vida. No valoramos apropiadamente el potencial y el poder de las plantas medicinales y de los remedios naturales, aunque la medicina moderna haya comenzado a partir de ellos.

Para muchos de nosotros la definición de una vida sana y llena de juventud y energía se asociaría a un vivir sin estrés, mejor aún fuera de la ciudad, en la montaña o en un pueblo con el aire limpio, muchos productos ecológicos y a la posibilidad de tener al alcance los remedios naturales «de la abuela», más una actividad física agradable... Sé que no podemos permitirnos el desconectarnos del ritmo laboral urbano, pero sé que tenemos a nuestro alcance los mensajeros y los recuerdos de esta vida pura y sana: me refiero a aquellas plantas y hierbas que fueron recogidas en los «paraísos» de la naturaleza. Ellas nos proporcionan un buen mantenimiento de la salud y un bienestar, y nos reconectan con lo natural. Más de la mitad del mundo vive sin aquellos fármacos industrializados y no todos ellos se encuentran en la miseria o sin poder acceder a la medicina occidental; es otra forma de vivir; más simple pero también más sana.

¿Sabías que en Brasil unos noventa millones de personas nunca han utilizado los medicamentos ni fármacos que habitualmente empleamos en Occidente y que sin embargo mantienen su salud solamente con medicinas naturales? Y no son solo aquellos que viven en la selva, por supuesto. Y a pesar de eso, la longevidad media, la esperanza de vida en Brasil alcanza los setenta y dos años. No te propongo ni hacerte un viajecito por allí ni mucho menos dejar la medicina moderna y los fármacos; pero te pido que abras tu mente y tus creencias a lo natural. Atrévete a aceptar la ayuda centenaria de las medicinas complementarias. Y, como siempre, con eso te recuerdo que debes estar bien asesorado por un profesional en la elección de tus remedios naturales.

5. *La recuperación de la ecología intestinal* (el equilibrio de la microflora del intestino).

6. *La actividad física y energética personalizada.* Es difícil encontrar tiempo para un deporte y es aburrido ir al gimnasio y repetir la misma rutina; lo sé y se lo oigo decir a mis pacientes todos los días. Somos muy capaces de encontrar mil razones para no hacerlo, no movernos, no ir al gimnasio o a la clase, ¡aunque lo pagamos cada mes!

Es indudable que la actividad física que elijas tiene que divertirte, pero hay que ir probando de todo hasta que la encuentras. ¿A qué estás esperando? Se dice que tenemos que forzarnos e insistir con la actividad elegida durante veintiún días seguidos, a la misma hora, con la misma intensidad y duración; a partir de este periodo notarás claramente los cambios en tu bienestar y encontrarás por fin el placer y la necesidad de moverte. Pruébalo, pero sin juzgarte ni sufrir de antemano, sino con un ánimo positivo y con una apuesta ambiciosa para ganarle a tu sedentarismo. La actividad física no es algo accesorio ni un hábito opcional: es un asunto imprescindible y obligatorio para seguir funcionando plenamente bien.

A través de los movimientos físicos regulares que involucran a todos tus músculos y sistemas internos, activas el flujo de sangre en todos los vasos, incluso en los muy minúsculos, estimulas el retorno veno-linfático y el metabolismo, quemas lo que te sobra y eliminas rápidamente las toxinas.

No puedes ir en tu coche a 120 kilómetros/hora por la carretera con la primera ni con la segunda marcha, ¿verdad? Si lo aceleras así, el motor empezará a protestar y a realizar un esfuerzo tremendo para avanzar; necesitas cambiar de marcha hasta por lo menos la cuarta o, mejor, la quinta para tener la velocidad adecuada y para que tu coche te obedezca. Vivir a la velocidad de la vida diaria, el estrés y las tensiones sin preparación y entrenamiento mínimo físico es como avanzar por la carretera de la vida y hacerlo mal, con la primera o la segunda marcha…

7. *El apoyo psicológico.* Es difícil estar solo con tu malestar o la enfermedad. Parece que eres el único que sufre y nadie te entiende; te irrita todo y a veces no sabes cómo seguir adelante y a quién escuchar. ¿Cómo manejar tu vida estando tan cansado y agotado? En la enfermedad y en el malestar no somos ni únicos

ni muy originales, porque todos repetimos un patrón psicológico y elegimos una conducta específica de comportamiento. Los psicólogos saben muy bien cómo decodificarla y tratarla. Nos encerramos en el mundo del sufrimiento sin poder ver la «salida», y eso afecta a nuestros seres queridos más cercanos. El psicólogo te ayudará a recuperar una mirada positiva y realista desde fuera (no desde tu interior herido), tanto hacia ti mismo como a hacia tus problemas; te podrá guiar para recuperar las fuerzas emocionales y la claridad psicológica.

El alma es un órgano, si quieres, y necesita también una ayuda y una asistencia profesional. Es imprescindible y de gran utilidad tener un asesoramiento psicológico personal, familiar y grupal cuando estás mal. Por desgracia, en España el apoyo psicológico todavía no está valorado adecuadamente. A mucha gente le resulta difícil poder compartir sus inquietudes y le parece algo «superfluo o costoso» gastar tiempo y dinero en un tratamiento psicológico, sobre todo si nos comparamos con Estados Unidos y algunos otros países europeos, donde tener un mentor o un psicólogo es algo muy normal y corriente.

¿Recuerdas que hablamos sobre los cerebros de tu cuerpo que dominan tu salud y tu bienestar y que con el cambio de la actitud cerebral se cambia todo? Superar un problema emocional y psicológico no es una cuestión de tu fuerza de voluntad y de planificación de tu agenda; es algo que no sabes hacer y es mejor aprenderlo con un psicólogo profesional. Es como llegar a una sincronización y sintonía de todas tus ondas neuronales y seguir luchando con más claridad. Deja que alguien se preocupe de eso.

8. *Tratamientos combinados sintomáticos relacionados con el problema*: no estoy negando ninguna prescripción médica y también lo aplico a los fármacos, si realmente hacen falta. Si hay un dolor, tensión u otro problema, hay que seguir con el tratamiento

principal (que es en realidad el sintomático, es decir, destinado a quitar la molestia) mientras estamos mejorando todos los parámetros de la salud. La colaboración de las dos medicinas, la occidental y la complementaria es el futuro cercano.

F., cincuenta y tres años, un hombre sano y sin antecedentes de enfermedad alguna. Es ingeniero de aviación. Hace tres años, F. empieza con la crisis de la edad, problemas personales, y le aumentan las responsabilidades laborales; a F. le aparece la barriguita que tapa los botones de su cinturón y el insomnio que le ayuda a seguir calculando sus ensayos físicos. En unos meses, F. descubre qué significa tener acidez, ardores, no digerir bien las comidas y estar hinchado. Lo que más le fastidia es la fatiga crónica que está siempre a su lado y parece ser más fiel a F. que su propia pareja. El cansancio le suele aparecer a media mañana y su baja productividad laboral no coincide con las expectativas de su jefe.

Le hacen un chequeo general. El diagnóstico: hernia de hiato, incompetencia del cardias y colon irritable. Leve depresión. Tratamiento: cuatro medicamentos de toma diaria por un tiempo no determinado. Así que, de golpe, a F. le etiquetan como a un hombre envejecido y además un neurótico crónico, que abusa de su médico digestivo con sus mil «porqués» y que no puede aceptar la realidad ni la edad.

Frustrado y deprimido, F. busca la iluminación en el herbolario del barrio, encontrándose con una mujer que le insiste en que compre un libro sobre las limpiezas digestivas. Entusiasmado y desconocedor del tema de las medicinas naturales, F. prueba muchos tratamientos alternativos... No todo le va bien, pero descubre todo un mundo nuevo, mejora mucho su salud, aprende sobre una alimentación sana, yoga y respiración. Con el entusiasmo, pierde peso… y el trabajo…

En mi centro le organizamos un programa personal de tratamiento y mantenimiento de su salud. Ahora este hombre parece estar lleno de energía y libre de los malestares, y tiene nuevas ilusiones profesionales y personales…

Este programa que os he puesto como ejemplo puede requerir en total unos dos o tres meses de disciplina y esfuerzos hasta que los cambios sean notables y constantes. Esto no es ni comparable con los años y las décadas que podemos sufrir por los problemas de salud. No es una cura: es una oportunidad para el cuerpo de revertir los procesos patológicos y recobrar las defensas y las fuerzas.

Todos, absolutamente todos, comenzamos a notar las mejorías y adquirimos el gusto de cuidarnos. El cuerpo encuentra su eje y se regula mejor, y el control sobre los propios problemas resulta más fácil.

V., cincuenta años, actriz famosa y bella. Cuando la conocí, llevaba una vida con mucho estrés personal y se encontraba bajo una gran presión emocional, profesional y social de forma permanente. A pesar de su edad y unos antecedentes médicos serios, ella mantenía su apariencia de una forma perfecta, pero era «adicta» a la medicación por sus problemas digestivos crónicos desde hacía veinte años.

Hace tres años empezamos por primera vez con V. su programa personalizado de desintoxicación digestiva y hepática, más un programa de nutrición funcional. Desde entonces, ella lo repite anualmente a rajatabla y con eso ha vuelto a vivir sin medicación, controlando sus digestiones solamente con los remedios naturales y la alimentación. En sus entrevistas, V. siempre comenta que el secreto de su energía y de su belleza está en su limpieza interior; y así es, os lo aseguro.

Edad metabólica

En mi trabajo, con los temas de nutrición y reeducación alimentaria, utilizo la medición y valoración corporal de los pacientes a través de un equipamiento médico moderno que me proporciona cálculos precisos sobre la composición corporal, la cantidad y calidad de los tejidos (magros, grasos y líquidos), y mide y me informa de los riesgos y los índices de salud. Este programa calcula, además, «la edad metabólica», es decir, el estado actual de tu función, nutrición y saturación de tus células en relación con todos los parámetros registrados. Es un marcador totalmente orientativo que te da una idea muy clara sobre el estado de tu salud metabólica en el momento de la medición, que después puede variar.

Os confieso que no esperaba tener un impacto tan fuerte en la gente comentándoles su edad metabólica; lo cierto es que la cantidad de años metabólicos puede variar mucho de aquella que tenemos en el certificado de nacimiento.

Veo con mucha frecuencia en la consulta a mujeres que casi lloran al descubrir que tienen diez o quince años más como edad metabólica, compiten entre ellas siguiendo las dietas y controlándose cada mes. Y los hombres se asombran igualmente y se agobian al recibir el mismo tipo de noticia. Eso impulsa, asusta y «da caña» para moverse y cambiar las cosas. Nunca había pensado que esta herramienta de medición pudiera ser de tanta utilidad.

Existe una correlación directa entre los trastornos digestivos y una edad metabólica mayor que la cronológica; la obesidad puede duplicar la edad metabólica, la depresión aún más, como también el abuso de fármacos.

Y la buena noticia es que ¡es reversible! Tengo mujeres que al perder 20 kilos ganan veinte años. La edad metabólica disminuye notablemente después de los tratamientos de desintoxicación (eliminación de las toxinas y la limpieza de los órganos claves como intestino, hígado y riñón), al corregir el estreñimiento y al bajar la grasa abdominal en los hombres. ¡Se ganan años con la actividad física y las emociones positivas!

> R., de cuarenta y siete años, ha cumplido con todas las recomendaciones, ha perdido algo de peso, ha cambiado su dieta; empezó con actividad física y suplementos funcionales. En dos meses, el control de valoración nutricional y metabólica le ha dado treinta y ocho años. La felicité y le di el alta con las pautas correspondientes de mantenimiento. Pasados unos días me llaman de la recepción y me comentan que R. insiste en solicitar un certificado médico. Me quedé muy sorprendida. Al descubrir el cambio en su edad metabólica, comentó con mucho orgullo a su pareja y a su entorno laboral que tenía treinta y ocho años y no cuarenta y siete y nadie la tomó en serio; más aún, la pobre se convirtió en el chiste del día. Por eso quería el certificado médico que documentara sus treinta y ocho años recientemente conseguidos… Conocer a pacientes tan *naifs* y directas en su forma de pensar nos hace esbozar una muy agradable sonrisa.

Capítulo XIV

RESPIRACIÓN Y DIGESTIÓN

En la mitad de nuestro torso, por debajo de los pulmones y del corazón, tenemos una separación muscular que sirve de frontera entre lo que es el pecho y el abdomen. Es el diafragma. Se asemeja a un paracaídas desplegado sobre el que se «apoyan» los pulmones y el corazón. Por debajo de él se alojan el hígado y el estómago.

El diafragma está diseñado para ser un músculo muy fuerte y resistente que trabaje sin descanso al ritmo de nuestra frecuencia respiratoria, descendiendo con cada inspiración y ascendiendo con cada espiración. Si respiramos correctamente, con la inspiración (la entrada del aire), el diafragma se aplana y desciende, dejando espacio para los pulmones, que se inflan con el aire, y presiona suavemente al hígado y al estómago hacia abajo; de esta manera, estimula el funcionamiento de todos los órganos digestivos y abdominales.

El movimiento amplio de la cúpula diafragmática genera una diferencia de presión entre ambas cámaras, el pecho (o cámara torácica) y el abdomen. Esta diferencia de presión es necesaria para que se produzca una buena circulación tanto del riego sanguíneo como del retorno venoso y linfático.

En el centro de esta cúpula (o el techo) hay orificios por los que atraviesan el esófago (este pasa por el agujero que se denomina *hiato*), los vasos sanguíneos de gran calibre y los «cables» nerviosos. Alrededor de estas «perforaciones», lógicamente, el tejido muscular de tipo circular y el tejido conectivo del diafragma son más delgados y delicados; son los puntos de mayor debilidad para la posible formación de una hernia. Entonces, cada inspiración implica el descenso del diafragma, que esto, a su vez, *promueve el movimiento del contenido estomacal hacia su destino y previene el retorno y la regurgitación del ácido y el reflujo hacia el esófago.* Por eso encuentro imprescindible aprender a respirar y hacer ejercicios respiratorios para tener una correcta salud digestiva.

La respiración es una herramienta poderosa que puede ayudarnos a prevenir el reflujo, las hernias de hiato, la hinchazón, los espasmos intestinales y a controlar el tránsito intestinal.

Vamos a observar ahora mismo nuestra respiración: ¿cómo se encuentra? Normalmente el respirar es algo obvio, cómodo, simple, automático e involuntario y no necesita nuestro control mental. Ahora te pido una plena atención y observación de tu ritmo respiratorio.

¿Qué movimientos tienes cuando estás tranquilo y quieto? Puedes observar unas subidas y bajadas suaves y poco notables del pecho, ¿verdad?, generalmente en la zona superior del tórax, a nivel de los brazos o de los senos. ¿Y cómo está la tripa? Lo más probable es que esté «dormida y relajada», «no respire ni participe en el proceso». La zona abdominal parece estar fuera del acto respiratorio porque casi no se mueve ni con la entrada ni tampoco con la salida del aire. Y nos satisface mucho no molestar a la barriguita; habitualmente siempre le damos un espacio preferente, así sentaditos, con una leve inclinación hacia atrás, apoyando la espalda y dejando el vientre libre, sin apretar demasiado ni doblarlo.

¿Y cómo cambia tu proceso respiratorio si te aceleras de repente con la actividad física, estás alterado por el estrés, con un resfriado y fiebre o a causa de la pasión y excitación? En estas situaciones los movimientos respiratorios serán más frecuentes, superficiales y visibles por involucrar un montón de músculos en el proceso —todo el pecho, los brazos, el cuello y algo de la tripa—, pero igualmente puedes notar que la mayor parte de la respiración la situaremos esencialmente en el pecho. ¿Recuerdas cómo respiraban las damas en las películas antiguas, vestidas elegantemente y con escotes muy amplios? Es un tipo de la respiración que vamos a llamar *pectoral.*

Y ahora vamos a prestar atención a la respiración *abdominal o diafragmática.* Es aquella que involucra en los movimientos respiratorios al diafragma y a la pared abdominal, centrando la energía en el ombligo, por lo cual, con este tipo de respiración, el pecho no se mueve tan visiblemente con el ritmo respiratorio, y la tripa es mucho más participativa: se infla y desinfla continuamente. Llegar a entrenarnos para poder realizar de forma automática una respiración abdominal es clave en la salud y no solamente en la digestiva. De esta forma, lograremos activar y oxigenar literalmente todo el cuerpo.

La tripa, durante la inspiración, tiene que inflarse lentamente como un globo o una montaña y, durante la espiración, ayudar a eliminar todo el aire formando un hueco o un valle.

En la medicina tradicional china y, en particular en la práctica del *Qi-gong* (*chi kung*), la respiración consciente abdominal es la base de la curación y del equilibrio energético.

Los beneficios de la respiración diafragmática son múltiples. Es, ante todo, un magnífico relajante del cuerpo y de la mente. Al parecer, acelera la circulación venosa y linfática, produce un masaje continuo de los órganos abdominales y contribuye a la salud digestiva. Cada inspiración abdominal genera un vacío que «aspira» los intestinos hacia arriba, conjuntamente con la pared abdominal, y los relaja con cada espiración. Constituye la mejor manera de estimular la motilidad intestinal y relajar sus espasmos. La diferencia de presión que se genera en el tope de la inspiración acelera el llenado y el riego de los órganos con la sangre oxigenada y, durante el descenso, en la espiración, se promueve la descarga venosa y linfática, que, a su vez, llega a ser de gran utilidad para el tema de las hemorroides.

Por otro lado, el vacío generado durante la inspiración y el movimiento del diafragma centra y empuja los contenidos líquidos del estómago y de los intestinos hacia el ombligo, ayudando, de este modo, a mejorar los procesos enzimáticos digestivos y a prevenir el reflujo.

En Australia han hecho un estudio con los empleados de una empresa de informática y contabilidad, a los que les pidieron realizar una pausa de dos minutos cada tres horas de trabajo. Durante estos dos minutos el personal debía realizar ejercicios de respiración abdominal y de relajación. ¡Dos minutos y sin levantarse de su sitio! El ejercicio permitía oxigenar mejor todo el cuerpo, activar la circulación y la digestión, y el resultado fue una mejoría del bienestar, la energía, el ánimo y el nivel de la productividad intelectual. De hecho, he visto personalmente anuncios en la prensa australiana que te recuerdan la necesidad de resetear tu energía y hacer pausas para respirar bien.

No hace falta pensar continuamente en tu respiración ni intentar controlarla o cambiarla de un día para el otro. Te propongo que adoptes un ritual, tu pequeño espacio personal dentro del día, un momento en el cual puedas «parar el mundo», desconectar, ponerte cómodo y estar tranquilo durante unos diez o quince minutos. Te pido que dediques ese tiempo solamente a la respiración. Si quieres, lo puedes considerar como tu forma de meditar o como un ritual/ejercicio de plena conciencia; un poder estar por completo en el «aquí y ahora».

Este es uno de los ejemplos de cómo puedes hacerlo.

RESPIRACIÓN PLENA

Prepárate mentalmente.

Piensa que es un momento solo para ti, cuyos beneficios vas a compartir con los demás. Te mereces un momento de tranquilidad, paz y bienestar. Si es posible, sobre todo mientras estás aprendiendo, elige un lugar cómodo.

Tu postura debe ser relajada, pero mantén tu espalda recta.

Si puedes, controla la luz, pon música, enciende una vela o incienso o simplemente imagina que estás en un bonito lugar.

Desabróchate el cinturón y cualquier prenda que sientas ajustada.

Procura que no haya interrupciones.

Si en cualquiera de los ejercicios notas una sensación de ahogo o mareo, respira normalmente.

Cierra los ojos.

Concéntrate en tu respiración.

Percibe el aire que inhalas y el aire que exhalas.

Durante las primeras cuatro o cinco respiraciones no hagas ningún cambio. Solo obsérvalas.

→

Toma aire lentamente por la nariz y dirígelo a la parte baja del abdomen, zona del ombligo, percibiendo y visualizando la bajada del diafragma.

La tripa se infla y el diafragma se mueve, permitiendo que se expanda la caja torácica.

En estos momentos el pecho y los hombros no deben moverse.

Sigue inhalando y siente cómo el aire va penetrando en la parte media y finalmente en la parte alta de los pulmones, hasta que el pecho finalmente se expanda.

Retén el aire unos instantes, sin forzar y sin tensarte.

Ahora déjalo salir lentamente por la boca.

Permite que se desinfle primero la parte alta de los pulmones, después la parte media y finalmente el estómago, mientras te dices: «Estoy bien, estoy relajado». Puedes ayudarte poniendo una mano en la zona de ombligo y la otra en el pecho.

Al inspirar, la mano del pecho no debe moverse hasta que la tripa se haya llenado de aire.

Al expirar, baja primero la mano del pecho y después la del estómago.

Repite el ejercicio entre cinco y diez veces.

Hazlo por lo menos dos veces al día, por la mañana al levantarte y por la noche antes de acostarte, hasta que logres que el ritmo sea natural, fluido y más relajado.

Recuerda que este tipo de respiración es la de los bebés. Así que todos hemos respirado así durante un tiempo. ¡Recupérala!

Cuando el aire entra en tus pulmones, imagina que es aire dorado o energía luminosa y sanadora. Observa la respiración y piensa en ese aire dorado.

→

Siéntelo.

Sigue su recorrido.

Cuando sale, siente cómo se lleva consigo toda la tensión.

Tu cuerpo se afloja.

Imagínate que eres una muñeca o un muñeco de trapo. Tu cuerpo se siente cálido, ligero o pesado. Se siente relajado.

Cuando sientas que lo puedes hacer de una manera fluida y fácil, hazlo con los ojos abiertos en cualquier lugar en el que te encuentres, menos cuando conduces.

COMENTARIOS FINALES

Mi querido lector:

Este libro ha sido un primer viaje por tu mundo digestivo con el objetivo de identificar algunos problemas y trastornos, de aclarar los términos y recibir una mejor orientación territorial dentro de la tripa. Y lo más importante: entender y apreciar la INTELIGENCIA del sistema digestivo en todos los sentidos:

- Inteligencia de su diseño y su perfección.
- Inteligencia de llegar a ser un segundo cerebro, el sistema nervioso entérico.
- Inteligencia intuitiva y las emociones gastrointestinales con sus múltiples caras.
- Inteligencia digestiva de resistir y protestar al «maltrato» al que a veces lo sometemos, gritarnos y obligándonos a marcar los cambios.
- Inteligencia de independencia y autonomía digestiva, que no sigue las leyes sociales y no le importan los prejuicios

humanos. Es auténtica y quizás es capaz de expresar realmente cómo te sientes tú mismo en este momento. Es tu parte más sincera, que escapa al control de la «policía» mental.

- Inteligencia de defenderte de las infecciones y aportarte los nutrientes necesarios.
- Inteligencia de convivencia. Tu intestino sabe muy bien cómo beneficiarse de los billones de sus ocupantes e invasores, pero tú no lo sabes o no se lo permites.
- Inteligencia del cuidado digestivo, los primeros pasos.

Faltan muchos temas y problemas por discutir, faltan los consejos concretos y prácticas, lo entiendo. Espero haberos proporcionado el placer de conocer vuestras entrañas y presentaros todo un nuevo mundo escondido en vuestro cuerpo, despertar vuestro interés y respeto hacia vuestro sistema digestivo, concienciar sobre la alimentación y los hábitos de vida, y, quizás, avanzar en los primeros pasos hacia la salud.

Ha sido la primera clase. Me quedo con la esperanza de veros pronto en la segunda para que aprendamos a identificarnos más con los síntomas y tomar medidas concretas. No me parece correcto en este momento ofreceros las plantillas unificadas de los tratamientos. Cada uno es un mundo y tiene que ser tratado de manera personalizada.

Si con este libro he logrado motivaros a buscar un profesional en medicina holística, estaré realmente encantada.

Este libro no opone sus datos a la medicina actual tradicional y no sustituye las consultas médicas del aparato digestivo. Pretendo ayudar a los médicos con la educación del paciente sobre el cuidado digestivo. Si uno conoce su malestar y entiende todas sus expresiones y trampas, posee los conocimientos básicos necesarios dietéticos y del cuidado digestivo… todo esto ayudará a la sanidad y mejorará la calidad de vida de mucha gente. Por lo menos dejad que me quede con esta ilusión.

Estaré encantada de recibir sus sugerencias, preguntas y comentarios en *www.inteligenciadigestiva.com.*

Hasta pronto.

BIBLIOGRAFÍA

ALBERS, Susan, *Mindfulness y alimentación*, Oniro, Barcelona, 2010.

ANDERSON, Rich, *Cleanse & Purify Thyself*, Christobe Publishing, Medford, Oregón, 2007.

ANDREOLI, Thomas, *et al.*, *CECIL Medicina Interna*, Elsevier Science España, Madrid, 2003.

BALCH, Phyllis y BALCH, James, *Prescription for Nutritional Healing*, Penguin Putman Inc., Nueva York, 2000.

BENINGAZA DE HERNÁNDEZ, Gloria, *Hidroterapia colónica*, ediciones La casa de Silvana, Buenos Aires, 2004.

BEZKOROVAINY, Anatoly, «Probiotics: Determinants of Survival and Growth in the Gut», *American Journal of Clinical Nutrition*, vol. 73, febrero de 2001, 399-405.

BICHEN, Zhao, *Tratado de alquimia y medicina taoísta*, Miraguano Ediciones, Madrid, 1984.

BITTMAN, Mark, *Food Matters: A Guide to Conscious Eating*, Simon & Schuster, Nueva York, 2009.

BRAVO DÍAZ, Luis, *Farmacognosia*, Elsevier España, Madrid, 2003.

CAPURSO, G.; MARIGNANI, M. y DELLE FARE, G., «Probiotics and the Incidence of colorectal Cancer: when Evidence is not Evident», *Atti Abstracts, 3º Probiotics & Prebiotics. New Foods*, septiembre 4/6, 2005.

FETROW, Charles W. y ÁVILA, Juan R., *Complementary & Alternative Medicines*, Springhouse Corporation, Springhouse, 2001.

FULLER, R., «Probiotics in human Medicine», *Progress Report*, GUT, 1991, 32, 439-442.

GERSHON, Michael D., *The Second Brain*, HarperCollins Publishers, Nueva York, 2003.

GESNER, Conrad, *Tesoro de los remedios secretos de Evónimo Filiatro*, Estudios Superiores de El Escorial, San Lorenzo de El Escorial, Madrid, 1996.

GRAY, Juliet, *Carbohydrates: Nutritional and Health Aspects*, ILSI Europe, Bélgica, 2003.

HERNÁNDEZ RAMOS, Felipe, *Que tus alimentos sean tu medicina*, RBA Libros, Barcelona, 2003.

IGLESIAS ROSADO, Carlos y MARTÍNEZ, Jesús Román, «Actualización en nutrición 2005», *Sanitaria 2000*, Fuenlabrada, Madrid, 2005.

JENSEN, Bernard, *Guide to better Bowel Care*, Penguin Putnam Inc, Nueva York, 1999.

—, *Cuerpo radiante*, Océano, Barcelona, 2002.

JOHNSON, I.T. y SOUTHGATE, D.A.T., *Fibra dietética y sustancias relacionadas*, SG Editores, Barcelona, 1995.

JOSHI, Nish, *Joshi's Holistic Detox*, Hodder & Stoughton, Londres, 2006.

JUNGER, Alejandro M.D., *Clean*, HarperCollins Publishers, Nueva York, 2009.

KAPTCHUK, Ted J., *Medicina china: una trama sin tejedor*, La Liebre de Marzo, Barcelona, 2008.

KLIGLER, Benjamin y LEE, Roberta, *Integrative Medicine: Principles for Practice*, McGraw-Hill, Nueva York, 2004.

KUMAR, Nagi B., *Integrative Nutritional Therapies for Cancer*, Facts and Comparisons, San Luis, 2002.

LAGARDE, Claude, *Entender la nutrición celular activa*, Laboratorios Nutergia, San Sebastián, 2009.

LIPSKI, Elizabeth, *Digestive Wellness*, McGraw Hill Companies, Nueva York, 2005.

MEDSKER, Bekki y MEDSKER, D., *Understanding the Need for Colon Hydrotherapy*, Medsker Publishing, Quinsby, 1997.

MORITZ, Andreas, *Limpieza hepática y de la vesícula*, Ediciones Obelisco, Barcelona, 2008.

—, *Los secretos eternos de la salud*, Ediciones Obelisco, 2009.

NUTRITION AND HEALTH COLLECTION, «Lipids from Alpha to Omega», Danone Research Center, Editions John Libbey Eurotext, París, 1999.

—, «Functional Dairy Products», Danone Vitapole Research, Editions John Libbey Eurotext, Montrouge, 2000.

—, «Fermented Foods and Healthy Digestive Functions», Danone Vitapole Research, Editions John Libbey Eurotext, Londres, 2001.

—, «Glycaemic Index and Health: the Quality of the Evidence» (FAO), Danone Vitapole Research, Editions John Libbey Eurotext, Montrouge, 2001.

—, «Stress and Nutrition: a Fascinating Crosstalk», Danone Vitapole Research, Editions John Libbey Eurotext, Londres, 2001.

—, «Nutrition and Successful Ageing», Danone Vitapole Research, Editions John Libbey Eurotext, Londres, 2002.

—, «Patterns of Food Intake in Schoolchildren», Danone Vitapole Research, Editions John Libbey Eurotext, Londres, 2002.

—, «The Intestinal Microflora: Understanding the Symbiosis», Danone Vitapole Research, Editions John Libbey Eurotext, Londres, 2003.

OLSEN, Cynthia, *ESSIAC: A Native Herbal Cancer Remedy*, Kali Press, Pagoda Springs, 1998.

PAGANO, John O.A., *Healing Psoriasis: The Natural Alternative*, The Pagano Organization, Englewood Cliffs, Nueva Jersey, 2004.

PENGELLY, Andrew, *The Constituents of Medicinal Plants,* CABI Publishing, Oxon, 2004.

PÉREZ-CALVO SOLER, Jorge, *Nutrición energética y salud*, Grijalbo, Barcelona, 2009.

PIPHER, Mary, *Hambre a la moda*, Grijalbo, Barcelona, 1999.

SATZ, Mario, *Música para los instrumentos del cuerpo*, Miraguano Ediciones, Madrid, 2000.

SEARS, Barry, *Grasa tóxica*, Ediciones Urano, Barcelona, 2009.

SEIGNALET, Jean, *La alimentación, la tercera medicina*, RBA Libros, Barcelona, 2005.

SERVAN-SCHREIBER, David, *Anticáncer: una nueva forma de vida*, Espasa-Calpe, Madrid, 2008.

ULLRICH, Manfred A., *Hidroterapia de colon*, Ediciones Obelisco, Barcelona, 2003.

VASEY, Christopher, *The Acid-Alkaline Diet for Optimum Health*, Healing Arts Press, Rochester, Vermont, 2003.

WHANG, Sang, *Reverse Aging*, JSP Publishing, Miami, 2004.

YOUNG, Robert y SHELLEY, Redford, *The pH Miracle*, Wellness Central, Hachette Book Group USA, Nueva York, 2008.

Acerca de la autora

Irina Matveikova (1966) es licenciada en Medicina de Familia, especializada en Endocrinología y Nutrición Clínica y experta en Trastornos del Comportamiento Alimentario. Ha cursado estudios de postgrado en Medicina Holística en diferentes países del mundo y ha aprendido diversos métodos de tratamientos naturales en ámbitos internacionales y multiculturales.

En la actualidad dirige la Clínica de Salud Digestiva (Madrid) y atiende pacientes en Madrid, Barcelona y San Sebastián; imparte cursos y conferencias en medicina holística, nutrición y métodos de desintoxicación corporal y desarrolla proyectos educativos.

Es una médica experta en la combinación de dos medicinas: la moderna convencional y la complementaria natural. Enfoca su labor en la reeducación integral del paciente y la divulgación de los conceptos de la medicina holística en los ámbitos profesionales y públicos; lucha por un paciente consciente y responsable y cree que los médicos pueden apoyarse más en los métodos preventivos y holísticos.

Es autora del libro *Inteligencia digestiva* —publicado con éxito por esta editorial—, así como de un diccionario de plantas medicinales en cinco idiomas, cuentos infantiles sobre plantas medicinales y varios artículos sobre salud digestiva y nutrición funcional.

Este libro se terminó de imprimir
en el mes de octubre
de 2014